달리기 챔피언 선교사
에릭 리들

Copyright © 2011 by John W. Keddie
Originally published in English under the title

Finish the Race

published by Christian Focus Publishing, Inc.,
Geanies House, Fearn, Ross-shire, IV20 1TW, Scotland, U.K.
All rights reserved.

Korean Edition
© 2014 by Precept Ministries Korea
91, Sadang-ro 2ga-gil, Dongjak-ku, Seoul, Korea

달리기 챔피언 선교사

에릭 리들

존 케디 지음 | 박상현 옮김

묵상하는사람들
프리셉트

너는 청년의 때에 너의 창조주를 기억하라
곧 곤고한 날이 이르기 전에,
나는 아무 낙이 없다고 할 해들이 가깝기 전에

전도서 12:1

1. 1924년 파리 8
2. 어린 시절 14
3. 에릭의 부모님 이야기 22
4. 학창시절 28
5. 학업과 운동 36
6. 달리기 챔피언 그리고 선교사 42

7. 일요일은 주님의 날 50
8. 올림픽대회의 손짓 56
9. 올림픽 챔피언 60
10. 찬사 그리고 졸업 68
11. 더 위대한 달리기 74

12. 1년간의 전도활동 78
13. 중국으로 잠시 안녕 86
14. 흥미진진한 여정 90
15. 새로운 시작 94
16. 달리는 선교사 98

17. 사랑과 결혼 102
18. 방향의 변경 110
19. 샤오창 지방에서의 경험들 114
20. 전쟁의 위험 120
21. 선교의 끝맺음 126

22. 역류 134
23. 후반부(결승선까지 마지막 직선 구간) 144
24. 달콤한 슬픔 152
25. 형편없는 결과? 158
26. 모두에게 기억되는 삶 162

마지막 간증(저자의 말) 170
중국 지역 이름 173
더 생각해 보기 174
에릭 리들 연대표 182

1924년 파리

　1924년 7월, 파리는 제8회 국제 올림픽대회의 열기로 가득했다. 7월 11일 금요일, 콜롱브 올림픽 경기장에서 400미터 달리기 결승전이 열렸다. 그날은 날씨가 매우 더웠다. 이날 경기 시간은 오후 6시 30분으로, 3시 45분에 열렸던 준결승전 때보다는 한결 시원한 날씨였다.

　결승전에 오른 선수들은 모두 6명으로 미국인 2명, 영국인 2명, 스위스인 1명, 캐나다인 1명이었다. 선수들은 자신의 출발선으로 갔다. 가장 바깥쪽 레인에는 스코틀랜드 출신의 영국 선수, 에릭 리들 Eric Liddell 이 서 있었다. 관객과 선수들 모두가 긴장하며 시작을 알리는 총소리를 기다렸다. "제자리에!" 스타터(출발 신호원)의 목소리가 경기장에 울려 퍼졌다.

에릭 리들은 지난 4년 동안 영국 단거리 달리기 대표 선수로 활동했다. 그리고 몇 년간 올림픽대회 금메달을 목표로 열심히 준비했다. 마침내 에릭은 올림픽 결승전에 올라갔다. 사실 그는 조금 전 열렸던 준결승전에서 400미터 출전 경험이 많은 선수들을 제치고 월등한 차이로 이겼다. 다른 선수들에 비해 400미터 경기 경험이 많지 않았던 에릭이 이번 경기의 '다크호스'로 떠오르는 순간이었다.

에릭은 눈앞에 펼쳐진 트랙을 바라보았다. 곡선구간이 나오기 전까지 긴 직선구간이 보였다. 그때, 그는 지난겨울 달리기 코치인 톰 맥커차 Tom McKerchar와 함께 한 훈련들을 떠올렸다. 톰 코치는 에든버러에서 유명한 달리기 코치로, 에릭이 대학생이었을 때부터 지금까지 함께 한 스승이었다. 그는 에릭을 엄하게 훈련시켰다. 오늘 올림픽 결승에 올라온 것을 보면, 그 훈련은 성공적이었다. 하지만 안타깝게도 이날 에릭의 경기에는 가족들이 아무도 오지 못했다. 대신 톰 코치가 그를 흐뭇하게 지켜보고 있었다.

****

사실 에릭이 결승전에 오기까지의 모든 과정에는 놀라운 하나님의 뜻이 있었다. 그는 부모님처럼 헌신적이고 독실한 기독교인이었다. 그는 원래 400미터 달리기가 아닌, 육상의 꽃이라고 불리는 100미터 달리기에 참가하기로 했었다. 하지만 100미터 경기가 일요일에 열리는 것이 문제였다. 에릭에게 일요일은 하나님의 날로 예배를 드리고 휴식을 취하는 날이지, 일이나 달리기를 하는 날이 아니었기 때문이다.

그래서 그는 일요일에 열리는 100미터 경기에 참가할 수 없었다. 기독교인으로서 십계명 중 4번째 계명인 '안식일을 지키라'는 명령을 지키기 위해서였다. 사람들은 에릭이 주일을 지킨 것에 감동했다. 에릭은 하나님을 향한 사랑을 드러내는 일에 주저하지 않았다.

다행히 200미터와 400미터 경기는 다른 요일에 열릴 예정이었다. 에릭은 100미터 경기에 나갈 수 없게 되자, 400미터 경기에 온 힘을 쏟기로 했다. 물론 평소 잘하던 종목이 아닌 다른 종목에서 세계 최

고의 선수들과 경쟁하려니 눈앞이 깜깜했다. 하지만 에릭은 며칠 전에 있었던 200미터 경기에서도 동메달을 따며 좋은 성적을 거두었다. 그에게 희망은 있었다.

결승전이 시작되기 전, 영국 팀의 물리치료사가 그에게 쪽지를 주었다. 쪽지에는 이렇게 적혀 있었다.

> 오래된 책에 쓰여 있기를
> '하나님께서는 그분을 소중히 여기는 사람을 소중히 대하실 것이다'라고 했어. 항상 승리하기를 기도하마.

그 쪽지에 적힌 글은 "나를 존중히 여기는 자를 내가 존중히 여기고" 사무엘상 2:30 라는 말씀이었다. 이 말씀은 에릭에게 큰 용기를 주었다.

또한 누군가 주일을 지키려는 그의 신념을 이해해 준다는 사실이 그에게 힘이 되었다. 그는 하나님께 용기 주심을 감사했다. 그는 하나님을 믿었다. 그리고 경기에서 이기지 못해도, 그가 하나님을 소중하게 생각하듯이 하나님께서도 그를 소중히 여겨 주실 것을 믿었다.

"차렷!"
스타터가 외쳤다.

선수들이 준비 자세를 취했다. 에릭의 심장은 두근거렸고 모든 신경이 날카로워졌다. 시간이 느리게 흘러가는 것만 같았다. '어떻게 달리지?' 이 질문이 에릭의 머릿속을 가득 채우고 있었다. 그는 불과 3시간 전에 열린 준결승전에서 그의 개인 최고 기록을 세운 뒤였다. 아직 다리와 폐에 피로감이 느껴졌다. 그가 세운 48.2초라는 기록은 세계신기록과 겨우 0.4초밖에 차이가 나지 않았다.

'어떻게 달릴까? 무사히 경기를 마칠 수 있을까? 혹시 다른 사람이 먼저 결승선에 들어가지는 않을까?' 이제 곧 이런 생각들을 끝낼 시간이 다가오고 있었다.

# 어린 시절

1902년 1월 16일, 에릭은 중국 톈진(중국 허베이성 동부의 도시)에서 선교사 부부의 둘째 아들로 태어났다. 그의 아버지는 1898년 런던선교회LMS, London Missionary Society에서 몽골 선교사로 임명됐다. 그곳은 러시아 국경에 인접한 중국 북쪽 지역이었다. 그리고 그다음 해에 에릭의 아버지 제임스 리들James Liddell과 어머니 메리 리들Mary Liddell은 상하이에서 결혼식을 올렸다.

****

에릭의 부모님이 결혼한 지 한 달 후, 중국에서 '의화단 폭동'이 일어났다. 의화단은 중국의 전통과 생활 방식을 지키려는 목적을 가진 단체였다. 폭동은 1899년 후반 서태후에 의해 시작되어 부청멸양扶淸滅洋(청나라를 도와 서양세력을 물리친다)이라는 구호를 내세웠다. 두말할 필요 없이 이 폭동은 외국인들에게 두려운 일이었다.

중국 정부는 의화단의 도움을 얻어 중국 땅에서 기독교의 흔적을 완전히 없애려 했다. 왜냐하면 기독교가 중국 문화를 위협한다고 생각했기 때문이었다. 결국 의화단은 기독교인들을 잔인하게 죽였으며, 특히 1899년 11월부터 1901년 9월까지 많은 기독교 선교사들을 살해했다.

그때, 에릭의 부모님은 중국 북쪽 만주지역에 있는 차오양에 머무르고 있었다. 그들은 런던선교회의 의사 톰 코크런Tom Cochrane과 그의 아내 그레이스 코크런Grace Cochrane 그리고 그들의 자녀 3명과 함께 지내고 있었다. 톰과 그의 아내는 영국 그리녹에서 온 스코틀랜드인이었다. 그곳에서 제임스는 교회의 잡무를 맡으며 그들과 함께 했다.

1900년대 초반, 그들은 의화단에 의해 벌어지고 있는 잔혹한 이야기들을 듣고 차오양을 떠나야 한다는 사실을 깨달았다. 톰 선교사가 가족들을 모아놓고 말했다.

"모두 여기서 빠져 나가야 해. 제임스와 종착역으로 가. 여기에서 10킬로미터 떨어진 곳에 있어. 거기서부터는 안전할 거야. 그 후에 제임스는 선교에 복귀할 수 있을 테고, 우리 가족은 어떻게든 이곳을 떠날 수 있을 거야."

곧 제임스는 그레이스와 그녀의 자녀들, 그리고 자신의 아내 메리를 데리고 가장 가까운 기차 종착역으로 떠났다. 가는 길에는 많은 위험이 도사리고 있었지만, 그들은 목적지에 안전하게 도착했다.

한편, 홀로 남아 있던 톰도 종착역으로 떠나기로 결정했다. 톰은 안전을 위해 중국인들이 입는 옷으로 갈아입고 말에 올랐다. 그리고 마침내 가족들을 만났다. 이들은 지금까지 지켜주시고, 시간에 맞춰 상하이로 가는 다음 기차에 오를 수 있게 해 주신 하나님께 감사를 드렸다.

****

제임스와 메리는 1900년 8월, 상하이에 있는 런던선교회 본부에서 아들을 낳고 그의 이름을 로버트 빅터Robert Victor라고 지었다. 그리고 몇 개월 후, 제임스와 메리는 톈진에 정착하기 위해 용감하게 다시 북쪽으로 돌아갔다. 그곳에서 제임스는 중국인 기독교인들의 상황을 살피러 몽골로 여행을 떠났다. 그는 약 4개월 동안 몽골 지역을 여행했다. 그때 무려 200명의 군인들이 그와 함께 했다.

로버트가 태어나고 16개월 후, 톈진에서 에릭이 태어났다. 그는 에릭 헨리 리들Eric Henry Liddell이라는 세례명을 받았다. 원래 그의 부모님은 아들의 이름을 헨리 에릭Henry Eric이라고 지으려 했다. 하지만 세례를 받으러 가는 길에 누군가 말했다.

"아이의 이름이 무엇입니까?"
"헨리 에릭입니다."
아버지가 대답했다.
"에릭 헨리라고 하는 것이 더 낫

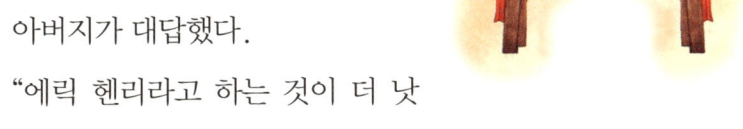

지 않겠습니까? 아이 이름의 첫 글자만 땄을 때를 생각해 보세요(H.E.L로, 지옥이라는 Hell과 같은 발음이 된다)."

이렇게 아이의 이름은 에릭 헨리가 됐다.

✳✳✳✳

1902년 하반기에 리들 가족에게 여자아이가 태어났다. 아이 이름은 재닛 릴리안Janet Lillian이지만 제니Jenny로 더 많이 알려졌다. 제니 또한 톈진에서 태어났다.

제니가 태어날 때까지 가족들은 톈진에서 남서쪽으로 290킬로미터 떨어진 샤오창(현재의 짜오창 현)에서 살았다. 샤오창은 수천 개의 마을이 있는 중국 북쪽의 대평원 지역에 위치했다. 마을이 얼마나 많았는지 어떤 사람은 그 모습이 케이크 사이사이에 잔뜩 박힌 베리 같다고 말했다. 대평원에는 수만 명의 사람들이 살고 있었다. 그곳이 바로 제임스와 메리가 하나님을 섬긴 곳이며, 에릭과 그의 형이 태어나서 처음 몇 년을 보낸 곳이었다.

1907-1908년 사이에 제임스는 선교사들이 7년마다 그들의 고향에서 1년 정도 휴식하는 '안식년'을 맞이했다. 그는 처음으로 가족 모두와 함께 고향 영국에 방문했고, 에릭과 그의 형은 교육을 위해 그곳에 남겨질 예정이었다.

부모님과 영국의 고향집을 방문한 것을 제외하고, 제니는 1929년에 아버지가 선교 현장에서 은퇴해 집으로 아주 돌아올 때까지 중국에 남아 있었다. 1912년 12월 베이징에서 태어난 넷째 어니스트 블레어Ernest Blair도 마찬가지였다.

****

1907년, 로버트와 에릭은 부모님과 제니와 함께 태어나서 처음으로 영국에 갔다. 그들에게는 중국에서 보낸 어린 시절의 기억이 남아 있었다. 에릭은 형 로버트와 중국 아이들과 게임하며 놀던 샤오창 본부에서의 자유로운 생활을 기억했다. 어느 더운 여름날의 일도 있었다. 에릭은 톈진에서 데려온 새끼 고양이를 쫓아서 식당을 빙빙 돌았다. 그가 처음으로 한 중국말도 "새끼 고양이가 도망갔어요!"Hsieo mao pao la였다. 또 에릭은 햇빛을 피하기 위해 중국식 누빈 옷을 입고 챙이 넓고 큰 모자를 썼다. 어머니가 병원에서 환자들을 돌보는 동안에는 중국인 유모가 로버트와 에릭 형제를 돌봐 주었다.

선교사들은 페이타이호에 있는 포하이(지금의 보하이 만) 해변에서 휴가를 보냈다. 에릭은 여느 아이들처럼 바다와 모래해변에서 노는 것을 무척 좋아했다.

그리고 무엇보다도 그는 조용한 주일에 가족들과 함께 드리는 교회 예배를 가장 기쁜 시간으로 기억하고 있었다. 예수님은 에릭 가정의 중심에 계셨다. 에릭은 찬송가를 부를 때면 항상 「양 아흔아홉 마리는」(찬송가 297장)을 부르자고 했고, 매번 슬픈 부분에서 눈물을 흘렸다. 찬송가는 산에서 혼자 길을 잃은 양 한 마리에 대한 내용이었다. 에릭에게는 사랑이 넘치는 믿음의 가정에서 보낸 어린 시절이 가장 따뜻한 기억으로 남아 있었다.

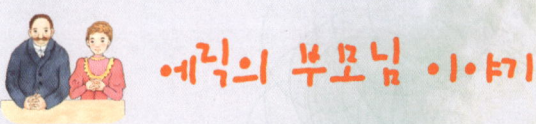 에릭의 부모님 이야기

　에릭의 신앙에 가장 큰 영향을 끼친 사람은 그의 아버지와 어머니였다. 에릭의 아버지 제임스 리들은 1870년 9월, 그리녹의 기독교인 가정에서 태어났다. 제임스에게는 4명의 누나, 3명의 형, 1명의 남동생이 있었다. 제임스의 아버지이자 에릭의 할아버지 로버트 리들 Robert Liddell 은 스털링셔에서 태어나고 자랐다. 그리고 1859년에 에릭의 할머니 엘리자베스 리들 Elizabeth Liddell 과 그리녹에서 결혼을 했다. 그들은 그곳에서 5명의 자식들을 낳았다. 그러나 슬프게도 엘리자베스는 1873년에 막내딸을 낳고 얼마 지나지 않아 하늘나라로 갔다.

아내를 잃은 로버트는 더는 그리녹에 머물고 싶지 않았다. 그래서 가족들을 데리고 드리맨으로 이사를 했다. 그곳은 로버트의 고향인 스털링셔에서 그리 멀지 않은 곳이었다. 로버트는 거기서 식료품 가게를 시작했다.

****

가족들은 마을에 있는 교회에 등록했다. 예수 그리스도께 헌신하고 하나님을 증거하는 일을 중요하게 여기는 마음이 리들 가족의 신조였다.

드리맨이라는 마을은 나무로 우거진 언덕과 호수가 있고, 하늘이 맑을 때면 멋진 일출과 일몰을 볼 수 있는 아름다운 곳이었다. 마치 아름다운 그림 같은 드리맨은, 에릭의 아버지가 자라고 학교에 다니던 곳이기도 했다.

1880년대 후반, 제임스는 스털링셔 근처에 있는 포목회사의 수습공으로 일하기 위해 드리맨을 떠나야 했다. 하지만 제임스는 이것을 단 한 번도 일로 여기지 않았다. 그는 하나님께서 자신을 선교사로 사용하기 위해 부르실 것을 믿고 있었다.

****

제임스는 스털링셔에 있는 교회의 윌리엄 블레어 William Blair 목사님 곁에서 자리를 잡았다. 그는 예수님에 대한 믿음을 고백하고 교회의 일원이 됐다. 제임스는 블레어 목사님의 가르침을 받으며 주님의 일을 할 때가 왔음을 느꼈다.

"블레어 목사님, 하나님께서 저를 선교사로 부르시는 것 같습니다."
"제임스, 이 문제를 놓고 기도해야 합니다. 만약 하나님께서 당신에게 선교에 대한 마음을 주셨다면 교회에 승인을 요청하세요. 그리고 그들이 당신을 위해 준비해 주는 교육을 받으세요."

그리하여 1894년, 제임스는 글래스고에 있는 복음주의 연합 신학교에 입학했다. 윌리엄 블레어 목사님에게 큰 영향을 받은 에릭의 아버지는, 후에 자신의 영적 스승의 이름을 따서 막내아들의 이름을 어니스트 블레어라고 지었다.

✳✳✳✳

다음은 에릭의 어머니 이야기이다. 에릭의 어머니 또한 기독교인 가정에서 태어났다. 그녀의 이름은 메리 레딘Mary Reddin으로 스코틀랜드 경계에 있는 팩스턴 마을에서 태어났다. 메리가 자란 지역도 제임스가 자란 드리맨처럼 높고 낮은 언덕에 시냇물이 흐르고 곡식이 무성한 기름진 땅이 있는, 그림 같은 곳이었다.

메리의 아버지 헨리 레딘Henry Reddin은 지역의 대장장이로 주변에 있는 농가를 위해 일을 했다. 그는 1857년에 재닛 마본Janet Mabon과 결혼해서 5명의 자녀를 두었는데, 그중 메리는 셋째였다. 그녀에게는 2명의 형제와 2명의 자매가 있었다.

메리는 1870년 10월에 태어났다. 메리가 태어나고 얼마 지나지 않아 헨리는 하나님의 부르심을 받고, 1880년대에 글래스고로 이사를 했다. 그리고 거기에서 권서로 일을 했다. 권서의 일은 성경책과 복음서, 전도지를 가지고 이곳저곳을 돌아다니며 사람들에게 예수님을 믿으라고 권하는 것이었다. 신실한 믿음의 가문이었던 메리의 가족은 이사 후 근처 엘긴 스트리트 교회에 다녔다. 교회는 그들이 사는 거리의 모퉁이에 있었다.

****

이렇듯 에릭의 아버지 제임스와 어머니 메리는 하나님의 인도로 점점 가까운 곳에서 살기 시작했다. 그리고 이 둘은 스털링서에서 열리는 엘긴 스트리트 집회에 가는 길에 처음 만나게 된다. 둘은 죽이 잘 맞았다. 다음해에 제임스는 신학교에 가려고 글래스고로 이사를 했다. 메리와 같은 교회 성도는 아니었지만, 제임스는 신학교 교육 과정의 일부로 메리가 속한 교회에서 봉사를 시작했다.

둘의 우정은 금세 사랑으로 발전했고, 결혼까지 바라보게 됐다. 하지만 제임스는 공부를 마쳐야만 했다. 메리 또한 몇 년간 해 오던 차 파는 일을 그만두고 간호사 교육을 받기 위해 1년 동안 웨스턴 아일스(스코틀랜드 북서쪽 먼 바다에 있는 제도)의 루이스 섬으로 가야만 했다. 잠시 동안 그 둘은 떨어져야만 했다.

제임스는 조금 일찍 대머리가 됐지만, 항상 수염을 덥수룩하게 길렀다. 메리는 빼어난 미모를 가진 젊은 여성이었다. 결코 부유한 적은 없었지만 메리의 모습은 항상 우아했다. 그런 그들의 공통점은 예수님과 선교에 대한 사랑을 가장 중요시했다는 것이다.

제임스는 신학교를 졸업하자마자 런던선교회에 지원했다. 1898년, 그는 스코틀랜드 출신의 유명한 선교사 제임스 길무어James Gilmour를 따르던 존 파커John Parker 목사님의 뒤를 이어 몽골로 파송됐다. 메리도 1년 뒤에 제임스를 따라갔다.

****

제임스와 메리는 결혼을 하고, 즐거운 신혼 생활을 즐길 참이었다. 그러나 예상치 못하게 의화단 사건으로 위험한 고난을 겪어야 했다. 그다음 몇 년은 중국 북쪽 지역에서의 선교 사역을 일구는 어려움을 견뎌야만 했다. 하나님의 일을 하며 주님을 따르는 것은 힘들고 희생이 필요했지만, 항상 보람 있는 일이었다.

그리고 1907년 봄, 리들 부부는 생애 첫 가족 휴가를 보내고 있었다. 아버지, 어머니, 로버트, 에릭, 제니 등 모두가 첫 안식년을 위해 바다 건너 고향으로 긴 여행을 떠났다.

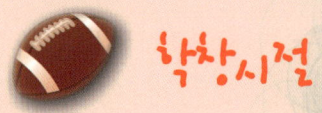

학창시절

  1907년 초, 에릭은 가족들과 처음으로 영국 땅을 밟았다. 그들은 스코틀랜드로 가서 글래스고와 드리맨에 있는 친척집을 방문했다. 그리고 가족들과 멋진 시간을 보냈다. 고향에 있는 동안 제임스는 그가 섬기는 런던선교회를 대표해 여러 교회와 선교사 모임에서 많은 연설을 했다.

  다양한 낙엽수와 침엽수들로 수놓인 스코틀랜드의 풍경은 매우 아름답고 푸르렀다. 할아버지와

삼촌이 살고 계신 드리맨은 스코틀랜드에서도 가장 아름다운 경치를 자랑하는 곳이었다. 그런데 에릭은 그곳에서 단 한 명의 중국인도 볼 수 없다는 것이 이상했다. 그리고 사람들이 전혀 다른 옷을 입고 있는 것도 신기했다. 영국의 풍경, 냄새, 소리, 생활 방식 등 모든 것이 중국과 달랐다.

****

한편, 에릭의 부모님은 아들들의 교육 문제로 고민했다. 만약 아이들이 영국에 있는 학교에 다닌다면, 그들은 가족들과 7년 동안 떨어져 지내야 했다. 그것은 부모님과 아이들 모두에게 가슴 아픈 일이었다. 하지만 하나님의 뜻을 구하는 오랜 기도 끝에 제임스와 메리는 두 아이가 영국에서 교육받는 것이 가장 좋은 길이라는 결정을 내렸다.

당시에는 선교사 자녀들의 교육이 공동의 문제였다. 교회와 선교단체들은 이 문제를 충분히 인식하고 있었다. 이에 제임스가 소속된 런던선교회는 1842년에 에섹스 주 월섬스토에 남학생 미션스쿨을 세웠다. 학교는 '낡은 헛간'이라고도 불렸다. 그곳에는 4층짜리 건물 하나와 놀이터가 있었다. 기숙사는 건물 가장 끝, 교실 옆에 돌로 된 긴 복도에 있었다. 2개의 큰 방과 4-5개의 작은 방이 있었는데, 모두 학생들을 위한 숙소였다. 아스팔트로 포장된 놀이터는 매우 좁았지만, 몇몇 운동을 하는 데는 충분한 크기였다. 다른 교회와 선교단체들에서도 이 같은 미션스쿨들을 짓기 시작했다.

그리고 1908년 9월, 제임스와 메리 리들 부부는 고민 끝에 로버트와 에릭을 블랙히스에 있는 선교사 자녀 남학교SSM, School for the Sons of Missionaries에 입학시켰다. 아버지는 아이들이 입학한 후 곧바로 먼 동쪽으로 떠났지만, 어머니와 제니는 학교 근처에 살며 1년간 머물렀다. 하지만 곧 어머니와 제니도 중국으로 돌아가야 할 시간이 다가왔다. 때는 1909년 9월이었다.

"얘들아, 이제부터 매주 편지를 쓰겠다고 약속해 주렴."
"네, 엄마."

그때 소년들은 자신들이 한 약속에 대해 잘 알지 못했다. 그러나 곧 편지쓰기는 로버트, 에릭, 제임스와 메리 리들 부부 모두에게 소중한 일이 됐다. 메리는 마지막으로 놀이터에 있는 아이들을 내려다보았다. 아이들은 크리켓 게임에 열중하느라 어머니가 쳐다보는 것도 몰랐다. 아마 모르는 게 나았을 것이다. 그들이 다시 만나기까지는 4년이 넘는 시간이 걸렸기 때문이다. 그날 밤, 어머니와 여동생이 아버지에게 돌아갔다는 사실을 깨달은 에릭은 울다가 잠이 들었다. 그때 에릭의 나이는 겨우 6세였다.

다행히 로버트와 에릭은 같은 학교에 다녔다. 이 사실이 에릭에게는 큰 축복이었다. 형제는 학교에 다니는 동안 매우 가깝게 지냈다. 특히 에릭은 형에게 많은 도움을 받았다. 에릭은 언제나 조용하고 친절한 아이라는 평가를 받았다. 때때로 싸우기도 했지만, 아이들은 서로 마음이 잘 맞았다. 많은 아이들이 선교사 가족이었으며, 리들 형제와 비슷한 환경에서 태어났기 때문이다.

****

이 학교는 선교단체에 의해 운영되고, 선교사 자녀를 위해 세워졌다. 따라서 학생들에게 신앙적으로도 많은 영향을 주었다. 로버트와 에릭을 포함한 학생들은 매주 일요일마다 예배를 드리러 학교 바로 옆에 있는 블랙히스 교회에 갔다. 덕분에 학생들은 학교와 교회에서 깊은 신앙의 영향을 받을 수 있었다. 그리고 로버트와 에릭을 포함한 많은 소년들은 하나님의 부르심을 따라 여러 선교지로 떠났다.

학교 규율은 엄격했지만 공평했다. 또한 운동과 경기에서의 공정함도 강조했다. 초기에는 학교 안에 운동장이 없어서 학교 주변에 있는 황무지에서 육상, 럭비, 크리켓 등을 했다. 조금 더 시간이 흐른 뒤에는 다른 운동장이나 경기장을 빌려서 사용했다.

하지만 좁은 기숙사와 운동장 부족을 해결할 새로운 장소가 필요했다. 기회는 1912년에 찾아왔다. 켄트 주에 있는 영국 해군 학교 건물과 부지를 판다는 소식이 들린 것이다. 학교는 이곳을 사들였다. 그리고 이 건물을 엘섬 학교(Eltham College)라 불렀다. 이후 학교가 있던 지역은 엘섬이라 불리게 됐다. 1912년 1월, 73명의 소년들과 선생님들은 엘섬의 새 학교로 옮겼다. 처음으로 자체 운동장을 갖게 되면서 새로운 교육과 운동을 맘껏 할 수 있게 되었다. 또한 자유롭게 예배를 드릴 수 있는 예배당도 생겼다.

다른 기숙사생들과 마찬가지로 에릭 형제에게는 학교가 집이었다. 형제는 훌륭한 보살핌을 받았고, 독립심과 자제심을 확실히 배웠다. 그리고 어머니와 약속한 대로 형제는 매주 부모님께 편지를 썼다. 편지는 자신의 소식을 전하고 부모님의 안부를  전달 받으면서 가족과 유대관계를 쌓도록 해 주었다. 물론 그 시절에는 편지를 교환하는 데 오랜 시간이 걸렸다. 하지만 그들은 서로 연락하고 지낼 수 있는 것만으로도 감사했다.

****

에릭의 부모님은 1914년 초에 안식년을 맞아 제니와 당시 1세였던 남동생 어니스트와 함께 영국으로 돌아왔다. 로버트와 에릭은 자연스레 스코틀랜드에서 가족들과 함께 휴일을 보냈다. 또다시 1년이 지나고 부모님은 1915년 3월에 중국으로 돌아갈 계획이었다. 하지만 그때 제1차 세계대전이 일어났다. 아무것도 예측할 수 없는 상황이 됐다.

****

1917년, 로버트와 에릭은 엘섬의 지역 교회 성도가 됐다.

당연히 그들은 예배, 성경공부, 모임에 매우 열심히 참여했다. 일찍이 가정, 학교, 교회에서 받은 신앙 교육이 에릭의 가슴에 깊이 남아서 신앙과 안식일을 지키도록 만들어 주었다.

에릭은 형 로버트와 마찬가지로 언제나 훌륭한 학생이었다. 한 선생님은 에릭에 대해 '품행이 바르고 얌전한 학생'이었다고 말했다. 물론 모범적인 형이 있었기에 보고 배울 만한 부분도 많았다. 뿐만 아니라 에릭은 럭비와 크리켓에도 재능이 있었다. 그래서 1918-1920년 사이에 학교 럭비와 크리켓 팀 모두에서 주장을 맡았다. 그리고 1918년에 열린 블랙히스컵에서 엘섬 학교의 우승을 이끌었다. 게다가 달리기에서도 많은 기록을 세웠다. 1919년에 있었던 100미터 달리기경기에서는 10.2초를 뛰었다. 이 기록은 이후 40년 동안 깨지지 않았다.

****

시간이 지나 형 로버트는 에든버러 대학교Edinburgh University의 5년제 의대에 입학하여 정든 엘섬 학교를 떠나게 됐다. 형이 떠난 엘섬 학교에서 에릭은 마지막 1년을 보냈다. 그리고 그 누구보다 열심히 공부하여 학교에서 가장 우수한 학생 중 한 명이 됐다. 그의 목표는 형과 마찬가지로 에든버러 대학교에 들어가는 것이었다. 대신 그에게 필요한 조건이 있었다.

'에릭 리들 씨, 당신이 대학교에 입학하기 위해서는 프랑스어 점수가 필요합니다. 이번 여름까지 준비해서 시험을 치러야 할 것입니다.'

이 조언에 따라 에릭은 프랑스어 공부를 열심히 했고 1920년 여름, 프랑스어 시험을 치렀다. 마침내 1921년 2월, 에릭은 에든버러 대학교로부터 과학 전공 학사과정 입학 허가를 받았다.

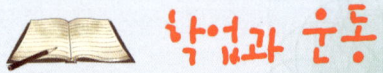

학업과 운동

1920년 봄, 에릭과 로버트는 어머니, 여동생 제니, 남동생 어니스트와 다시 만나 즐거운 시간을 보냈다. 가족들은 아버지의 안식년에 앞서 예정보다 일찍 집에 왔다. 아버지의 안식년은 1921년 5월이었다. 그리고 그해 여름, 에릭의 삶에 특별한 변화가 생겼다.

****

1920년에 엘섬 학교를 졸업한 이후로 에릭은 어떤 운동도 진지하게 하지 않았다. 그러던 중 1921년에 한 친구가 에든버러 대학 체육대회 준비를 위한 훈련에 에릭을 초대했다. 에릭은 다시 달리기를 하자는 그의 제안에 고민을 했다. 마침내 에릭은 5월 말에 열릴 대학 체육대회의 훈련을 받아들였다. 하지만 에릭은 그즈음 친구와 스코틀랜드에서 가장 높은 봉우리인 벤네비스 산으로 자전거 여행을 계획한 상태였다. 돌아오면 체육대회는 3-4주밖에 남지 않은 상황이었다.

"자전거 여행은 좋은 생각이 아니야. 훈련에 좋지 않아."

친구가 말렸다. 에릭은 이미 약속된 것이라며 친구의 충고를 듣지 않고 여행을 떠났다. 하지만 돌아오는 길에 에릭은 친구의 말이 맞았다는 것을 깨달았다. 다리 근육이 딱딱하게 굳어 뛰는 것이 힘들어졌기 때문이다. 에릭에게는 이제 훈련밖에 남지 않았다.

****

드디어 대학 체육대회 날이 됐다. 경험 없고 훈련되지 않은 젊은 달리기 선수가 처음으로 대중 앞에 모습을 보였다. 에릭은 100미터 예선전에서 우승 후보였던 인네스 스튜어트의 뒤를 바짝 따라 붙었다. 그리고 결승전에서 인네스를 한발 앞서며 우승을 차지했다. 몇 초만에 대학 육상계에 새로운 강자가 나타난 것이다. 에릭은 절대 뒤돌아보지 않았다. 한 달 만에 그는 100미터와 200미터 두 종목에서 스코틀랜드 단거리 달리기 챔피언이 됐다.

*****

그는 마침내 7월에 벨파스트(북아일랜드의 수도)에서 열리는 삼국 전국대회에 출전하게 됐다(삼국은 스코틀랜드, 잉글랜드, 아일랜드를 말한다). 에릭은 전국 최고의 달리기 선수들을 물리치고 100미터 달리기에서 우승을 차지했다. 떠오르는 단거리 달리기 선수의 재능을 스코틀랜드에 확실히 인식시킨 대회였다.

이 시기에 에릭은 에든버러의 유명한 코치인 톰 맥커차의 지도를 받았다. 톰 코치는 에든버러 대학 운동부를 공식적으로 만든 사람이었다. 이후 4년 동안, 1925년 7월 에릭이 중국으로 떠날 때까지 톰 코치는 에릭이 자신만의 속도를 찾도록 도와주었다.

"빨리, 에릭! 더 빨라야 해. 출발 동작 다시 해 봐! 긴장을 유지해. 달리기 전에 근육을 풀어 주고 따뜻하게 해 주는 걸 잊지 마!"

톰 코치는 에릭의 타고난 힘과 이기고자 하는 굳센 의지를 효과적으로 활용했다. 에릭은 선수로서 특별한 조건을 가지지 않았다. 전성기 때 에릭의 키는 175센티미터에 불과했고, 몸무게는 70킬로그램이었다. 하지만 그는 튼튼한 심장을 가지고 있었다. 에릭은 톰 코치가 짜 준 훈련에 많은 노력을 기울였고, 경기에도 열심히 참여했다. 에릭은 일주일에 2-3번 정도 학교 근처에 있는 트랙에 가서 연습을 했다. 반복된 훈련으로 에릭의 실력은 나날이 좋아졌다.

****

1921년 시즌이 끝나갈 즈음, 스코틀랜드의『글래스고 헤럴드』신문은 에릭이 올림픽 영웅이 될 것이라 예상했다. 선수 생활을 시작하고 첫 번째 시즌이 끝날 때, 에릭은 스코틀랜드 달리기경기 대회를 모두 휩쓰는 강력한 선수로 자라 있었다. 그때 에릭의 나이는 19세였다.

달리기 스타가 탄생했다. 그럼에도 에릭의 학업 성적은 나빠지지 않았다. 그는 순수과학을 공부했는데, 첫 해에 치른 시험에서 뛰어난 성적을 거두었다. 그는 모든 일을 열심히 했으며, 어려운 일도 피하지 않았다.

에릭은 에든버러에 있는 동안 모닝사이드 교회에 다녔다. 교회는 교차로에 있었는데 4개의 모퉁이마다 교회 건물이 있어서 '거룩한 모퉁이'라고 불렸다. 에릭은 기독교인으로서 모든 것을 지켰다. 특히 어릴 적부터 항상 주일을 지켜야 한다고 배운 신념을 굳게 지켰다. 에릭에게 주일은 예배를 드리는 날이지, 운동이나 오락을 하는 날이 아니었다. 하지만 대학에 입학하고 얼마 동안은 이런 신앙적인 부분에 대해 입을 다물었다. 그리고 단 한 번도 다른 학생들과 교류하지 않았다. 그는 담배를 피우지도, 술을 마시지도 않았다.

****

달리기 시즌을 성공적으로 보낸 후에 에릭은 대학의 럭비 선수가 되어 달라는 제의를 받았다. 사실, 로버트 형은 이미 대학 럭비팀 선수로 뛰고 있었다. 에릭도 1921-1922년 시즌 경기를 위해 팀에 들어갔다. 로버트는 센터 스리쿼터 백에서, 에릭은 윙 스리쿼터로 역대 최강팀의 조합이 만들어졌다.

에릭은 럭비 경기에서 자신의 달리기 실력을 유감없이 발휘했다. 그의 빠르기는 럭비팀의 강력한 무기가 됐다.

결국 에릭은 스코틀랜드 국가 대표 선수로 발탁됐다. 1922년 1월 2일 파리에서 스코틀랜드 팀은 프랑스 팀을 상대로 3-3의 점수를 내며 경기를 치렀다. 이후 에릭은 1921-1922년과 1922-1923년 시즌에 있었던 7번의 국가 대표 전에서, 그가 국가 대표 팀에게 얼마나 위대한 '발견'이었는지를 증명했다. 단지 그가 달리기를 잘해서만은 아니었다. 그는 방어전에도 뛰어난 실력을 발휘했다. 그리고 그의 능력은 과거 엘섬 학교의 선배인 A. L. 그레이시를 만나면서 더욱 폭발적이 됐다. 국제무대에서 에릭의 존재는 이미 상대편 선수들이 공포심을 느낄 정도였다.

달리기 챔피언 그리고 선교사

　에릭 리들은 꾸준히 좋은 성적을 거두며 선수 생활을 이어 갔다. 그는 에든버러 대학 체육대회와 대학 간의 선수권대회 그리고 스코틀랜드 선수권대회 등을 완전히 장악했다. 1922년 시즌을 시작하는 경기는 에든버러 대학 체육대회였다. 그는 이 경기에서 200미터를 21.8초에 달려 스코틀랜드 신기록을 세웠다. 스코틀랜드인이 22초 이내의 기록을 세운 것은 처음이었다.

　향상된 에릭의 실력은 그해 8월에 열렸던 셀틱 축구클럽 대회에서 확인됐다. 이 경기는 시즌 마지막 경기였다. 큰 축구 클럽에서 여는 대회는 육상선수들에게 매우 중요했다. 이 클럽에서 여는 연례 체육대회에는 때때로 800명에 이르는 선수들이 참가했다. 에릭은 파크 헤드에서 대회가 열리던 8월에 이 경기 출전 제의를 받았다.

에릭은 당시 영국 최고의 단거리 달리기 선수인 해리 에드워드Harry Edward에게 대항할 만한 선수 중 한 명으로 꼽혔다. 해리는 1920년 앤트워프에서 열렸던 올림픽에서 100미터, 200미터 동메달리스트였다. 그런 노련한 선수를 제치고 스코틀랜드의 젊은 선수 에릭이 우승을 차지한 것이다.

****

1923년, 그의 삶에 예수 그리스도와 믿음에 대해 변화가 일어났다. 결정적인 변화는 적극적으로 전도활동을 하는 글래스고의 젊은 신학생을 만난 후 일어났다. 그의 이름은 데이비드 패트릭 톰슨David Patrick Thomson으로 D. P.로 더 잘 알려진 학생이었다.

1923년 봄, D. P.와 에릭의 형 로버트를 포함한 다른 학생들은 아마데일에서 전도를 하고 있었다. 전도활동은 글래스고 학생 복음연합회에 의해 운영됐다. 전도 집회를 위해 여러 대학의 학생들이 방학 동안 시간을 내어 모였다. 그들은 아마데일의 시청에서 젊은이들만을 위한 특별한 시간을 갖기로 했다. 그리고 누구에게 설교를 부탁하는 것이 효과적일지를 고민했다.

고심 끝에 D. P.는 유명한 운동선수인 에릭이 설교한다면 많은 젊은이들이 집회에 참여할 거라고 생각했다. 그는 에릭을 찾아가 설교를 부탁했다. 에릭은 고개를 숙이고 아무 말 없이 서서 고민했다. 그리고 대답했다.

"좋아, 할게."

****

이 설교는 에릭이 하나님과 선교에 헌신하는 전환점이 됐다. 에릭은 자신이 이 일을 잘할 수 있을지 고민했다. 그러나 하나님께서는 다음 날 아침, 여동생 제니에게 온 편지로 그의 결정에 확신을 주셨다. 편지에는 "두려워하지 말라 내가 너와 함께 함이라 놀라지 말라 나는 네 하나님이 됨이라 내가 너를 굳세게 하리라 참으로 너를 도와 주리라 참으로 나의 의로운 오른손으로 너를 붙들리라"이사야 41:10는 말씀이 적혀 있었다.

이 성경 말씀으로 그는 결심을 굳혔다. 이것은 진정한 의미의 '인생을 바꾸는 결심'이었다. 그렇게 4월 6일 금요일, 에릭

은 아마데일에서 열리는 전도 집회에서 첫 설교를 했다.

  에릭은 훌륭한 연설가는 아니었다. 하지만 그는 복음을 전하는 방법을 알고 있었다. 여러 신문들에 젊은 달리기 선수이자 럭비 스타가 종교 집회에서 자신의 믿음에 대해 설교를 했다는 기사들이 실렸다. 두말할 필요도 없이, 그가 설교하는 집회에는 많은 사람들이 모였다.

  1923년 봄, 글래스고 근처에 있는 루더글렌에서 가졌던 집회에는 약 600명의 젊은이들이 참석했다. 그해 5월, 에릭은 D. P.에게 편지를 썼다. 그는, '아마데일에서 설교 요청이 들어온 날부터 자신이 변화됐다'고 고백했다. 그의 삶에 새로운 기쁨이 찾아왔다.

****

  그렇다면, 그의 운동선수 생활은 어떻게 되는 걸까? 선교에 헌신하는 생활이 그의 운동 성과에 지장을 주었을까? 그렇지 않았다. 시즌 초반에 있었던 에든버러 대학 체육대회와 스코틀랜드 대학 선수권대회에서 에릭은 100미터, 200미터, 400미터 경기에서 모두 우승을 차지했다. 특히 에릭이 스코틀랜드 대학 간 대회에서 보인 기량은 매우 인상적이었다. 이어서 에릭은 글래스고 셀틱 공원에서 열린 대회에서 100미터, 200미터 우승 자리를 지키면서 전성기를 맞이했다.

곧 사람들은 그가 영국 선수권대회에 나갈 것인지 궁금해했다. 하지만 경기에 출전하려면 5파운드의 돈이 필요했다.

아무런 지원을 받지 못하고 있던 에릭이었지만, 그와 톰 코치는 경기에 참가하기로 결심했다. 왜냐하면 이번 대회는 세계 선수권대회나 마찬가지였기 때문이다. 경기는 7월 6일 금요일과 7일 토요일 이틀간 런던의 첼시 축구클럽 경기장에서 치러질 예정이었다. 이 경기에서 에릭은 그가 얼마나 뛰어난 달리기 선수인지 보여 줄 것이었다.

이후, 스탬퍼드 브리지에서 열렸던 100미터, 200미터 달리기경기에서 에릭이 세운 기록은 세상을 놀라게 했다. 에릭이 1시간 반 동안 열린 4번의 경기에서 모두 우승을 차지했기 때문이었다. 이것은 세계적인 기록이었다. 100미터는 영국 신기록이었는데, 세계신기록과 불과 0.1초 차이였다. 그리고 이 기록은 34년 동안이나 깨지지 않았다.

＊＊＊＊

　더 대단한 것은 매년 열리는 삼국 전국대회에서 에릭이 보여 준 환상적인 달리기였다. 삼국 전국대회는 잉글랜드, 아일랜드, 스코틀랜드에서 온 팀들이 참가하는 전국적인 대회였다. 지금까지의 우승 기록을 보면, 이전에 열린 4번의 대회에서 잉글랜드 팀이 3번 우승했고 스코틀랜드 팀이 1921년에 1번 우승했다. 이때의 우승도 에릭의 도움 덕분이었다.

　이처럼 잉글랜드 팀은 매우 강력한 팀이었다. 하지만 1923년만은 예외였다. 에릭의 뛰어난 기록으로 다른 팀들을 크게 이겼다. 에릭은 3개의 단거리 달리기 종목에서 모두 우승했고, 특히 400미터 달리기경기는 주목할 만했다.

　400미터 달리기경기에는 잉글랜드, 아일랜드, 스코틀랜드에서 온 에릭을 포함한 2명의 달리기 선수들이 출전했다. 그러나 경기 초반, 에릭은 달리던 도중 넘어지고 말았다. 그의 실수가 아닌 상대팀의 잘못이었다. 에릭을 의도치 않게 넘어뜨린 잉글랜드 팀 선수는 J. J. 길리스(Gillis)라는 선수였다. 그는 400미터를 50초대에 달리는 훌륭한 선수였다.

  넘어진 에릭은 당황하지 않고 다시 일어서서 다른 선수들을 따라잡았다. 그리고 결국 다른 선수들을 앞질러 나갔다. 그가 넘어졌다 일어선 후에 다른 선수들을 앞지르기까지 약 18미터를 따라잡은 셈이었다. 그는 마침내 51.2초라는 기록으로 결승선에 도착했다. 도착하자마자 그는 그대로 쓰러지고 말았다.

  에릭의 이 같은 멋진 활약으로 스코틀랜드 팀은 전국대회에서 우승을 차지했다. 이로써 다음 해 파리에서 열릴 올림픽대회 출전이 확실해졌다.

일요일은 주님의 날

"에릭, 1924년 파리 올림픽에 출전할 영국 단거리 달리기 대표 팀에 네가 들어갈 것 같아."

같이 달리기하는 친구가 말했다.

"그런데, 너 그거 알고 있어? 100미터 달리기 예선을 포함해서 몇 경기는 일요일에 있어."

"그리스도인에게 일요일은 주님의 날이야. 따라서 나는 그 어떤 경기라도 주일에는 달리지 않을 거야."

에릭이 대답했다.

에릭은 단거리 달리기와 한두 종목의 이어달리기에 출전할 확률이 높았던 만큼 경기 일정에 큰 관심이 있었다. 그런데 100미터 예선과 400미터 이어달리기 경기의 결승이 일요일에 열린다는 것이었다.

****

에릭에게 일요일은 안식일로서 예배를 드리고 휴식을 취하는 날일 뿐, 일이나 운동을 하는 날이 아니었다. 기독교인으로서 주님이 부활하신 한 주의 시작에 예배드리는 것은 매우 당연한 일이었다. 이것이 에릭의 신념이었다. 그렇기에 주님의 날인 일요일에는 그 어떤 경기에도 나갈 수 없었다. 에릭에게 일요일 경기를 포기하는 일은 당연한 결정이었다. 하지만 그의 경기를 기다렸던 사람들에게는 마른하늘에 날벼락 같은 일이었다.

어떤 사람들은 에릭을 비난했다. "에릭한테 정말 실망이야." 몇몇 사람들이 말했다. "이번 일에는 예외를 둬도 돼."

그러나 그 어떤 말도 에릭을 설득시킬 수는 없었다. 그는 어떤 대가를 치르더라도 자신의 신념을 지킬 사람이었기 때문이다. 에릭은 다른 사람들의 생각보다 하나님께서 그를 어떻게 보시는지가 더 중요했다. 또한 에릭은 자신이 일요일에 경기에 나가면 사람들에게 나쁜 선례가 될 거라고 생각했다.

****

하지만 에릭의 결정으로 인해 2가지 문제가 생겼다. 첫 번째는 BOA위원회(영국 올림픽 위원회)에 생긴 문제였다. 육상의 꽃이라고 불리는 100미터 달리기와 이어달리기 경기에 에릭이 나가지 않는다는 건 상상할 수조차 없는 일이었다. 그 해 말, BOA위원회는 IOC위원회(국제 올림픽 위원회)에 시합이나 경기를 다른 요일로 조정해 줄 수 있는지 물어보았다. 하지만 그들의 요구는 받아들여지지 않았다.

두 번째는 에릭에게 생긴 문제였다. 그는 일요일에 경기가 없는 다른 종목, 예를 들면 400미터 달리기경기에 출전할 것인지를 결정해야 했다.

당시에 400미터 달리기는 단거리 달리기보다는 하프마일(0.5마일, 약 800미터)에 가까운 종목으로 여겨졌다. 단거리 달리기 선수가 400미터에 참가하는 것은 흔치 않은 일이었다. 또한 400미터 달리기는 '죽음의 단거리'라고 불릴 만큼 힘든 경기였다. 에릭은 톰 코치와 몇몇의 조언자들과 경기 출전을 놓고 의견을 나누었다. 그리고는 결정을 내렸다. 1924년 파리 올림픽에서 400미터 달리기에 도전하기로 말이다.

에릭이 400미터 달리기를 완주하기 위해서는 톰 코치의 도움이 필요했다. 왜냐하면 에릭은 1923년 시즌 말에 출전한 400미터 경기에서 50.2초를 달리며 좋지 않은 성적을 거두었기 때문이다. 이런 기록으로는 올림픽대회에서 우승할 가능성이 낮았다. 만약 그가 400미터 달리기 결승전에 오르려면 기록을 높여야만 했다. 400미터 달리기에 경험이 많지 않은 선수에게는 어려운 숙제였다. 하지만 그는 포기하지 않았다.

****

에릭은 모든 일에 최선을 다했다. 그는 젊은 사람들에게 있어서, 맡은 일에 헌신하고 굳센 의지를 가진 좋은 본보기였다. 물론 그는 그가 하는 말과 행동으로 하나님께서 영광 받으시기를 원했다. 그렇기에 에릭에게는 달리기 훈련도 중요하지만, 훈련이 전부는 아니었다. 지금 그의 최대 관심사는 운동이 아닌 신앙이었다.

1924년에 에릭은 하나님께서 자신을 중국으로 부르고 계심을 느꼈다. 그는 점점 중국 사람들에게 복음을 전하는 일에 사명을 가지기 시작했다. 그리고 1924년 3월, 그는 런던선교회에 지원서를 제출했다. 지원서에 선교 일을 하려는 이유를 묻는 항목이 있었는데, 그의 대답은 굉장히 흥미로웠다.

> 1. 아버지는 해외에서 선교 일을 하셨습니다. 그 사실이 이 일을 하고자 하는 마음에 자극이 됐습니다.
> 2. 운동선수로 활약한 경험은 학교에 있는 청년들과 저를 자연스럽게 연결해 주었습니다. 이런 저의 재능을 사용해 사람들을 하나님께로 인도하고 싶습니다.
> 3. 선생님이 되기 위해 훈련을 받으면서, 일반 학교보다는 하나님의 말씀 안에 세워진 학교에서 확실한 주님의 일을 하라는 더 큰 사명을 받았습니다.
> 4. 중국으로의 부르심은 정말 대단했습니다. 지금 중국은 국가 형성기라는 힘든 시기를 보내고 있습니다. 저는 이것이 매우 위대한 일이라고 느꼈습니다.

✳✳✳✳

그는 원래 중국 북쪽지역에 있는 톈진의 앵글로-차이니즈 학교에서 일하려고 했다. 그곳은 8-18세 사이의 초중고 남학생들을 위한 기독교 학교였다. 에릭은 자신의 전공을 살려 과학과 운동을 가르칠 예정이었다. 처음 계획은 학교를 졸업하자마자 떠나는 것이었다. 하지만 D. P.가 반대했다.

"에릭, 아무래도 스코틀랜드에 1년 더 남는 게 좋을 것 같아. 우리는 다른 전도 집회를 열 수도 있을 테고 너는 신학 교육을 받을 수도 있어. 그러면 네가 중국에서 선교 일을 할 때 매우 값진 경험이 될 거야."

에릭은 D. P.의 말에 동의했다. 그들은 파리 올림픽대회가 끝난 후 다른 연합회의 사람들과 하나님을 알리는 1년간의 집회를 열기로 약속했다.

올림픽대회의 손짓

　1924년 봄, 에릭에게 펜 릴레이 대회 초대장이 전달됐다. 이 대회를 위해 많은 준비를 했던 에릭은 대회가 열리는 필라델피아로 출발했다. 하지만 즐거움도 잠시, 그곳까지 가는 길은 매우 험난했다. 당시 필라델피아까지는 증기선을 타고 가야 했는데, 그로 인해 에릭은 심하게 아파 몸이 쇠약해졌다. 이 상태로는 경기에서 좋은 결과를 기대하기 힘들었다.

　마침내 필라델피아에 도착한 에릭은 근심이 많아졌다. 그러던 중, 그는 펜실베이니아 대학 정문에서 우연히 윌리엄 펜 William Penn 의 유명한 글귀를 보게 됐다.

> 승리의 월계관뿐 아니라 패배의 먼지 속에도 최선을 다한 자에게는 영광이 있을지라.

에릭은 비록 자신의 몸 상태가 좋지 않았지만, 이 글귀처럼 이번 시합에서도 최선을 다하겠다고 결심했다.

시합은 시작됐고, 그 결과 에릭은 100미터에서 4등을, 200미터에서 2등을 차지했다. 그가 이 대회까지 오는 동안 훈련할 시간이 없었고 많이 아팠던 것을 생각하면, 나쁘지 않은 결과였다. 또한 이번 시합은 그가 파리 올림픽대회에서 상대하게 될 선수들을 미리 볼 수 있어 더 좋은 경험이 됐다.

****

에릭에게는 1924년 시즌 초에 열리는 스코틀랜드 대회부터 7월에 시작될 올림픽대회까지, 달리기 선수로서 몇 개의 대회가 더 남아 있었다. 에릭은 5월 말부터 6월 초까지 열렸던 여러 대회에 출전하며 잇따라 우승을 차지했다.

이미 많은 경기에 참여하며 기록을 세운 에릭이었지만, 이번 스탬퍼드 브리지에서 열리는 대회는 매우 중요한 경기였다. 영국의 모든 선수가 참여하는 대회였기 때문이다.

  6월 20-21일, 드디어 모든 선수가 스탬퍼드 브리지에 모였다. 에릭은 원래 3종목 모두에 출전하기로 했었다. 그런데 200미터, 400미터 경기를 마친 후 에릭은 100미터 경기를 포기했다.

  왜냐하면 200미터, 400미터에서 에릭을 시기하는 다른 선수들의 심한 방해가 있었기 때문이다. 경기 첫날, 200미터, 400미터의 1, 2차 예선전에서 에릭은 총 4번의 경기를 치렀다. 그가 같은 날 400미터 달리기를 2번 뛴 적이 이번이 처음이었다. 에릭은 3시간 반 동안 치러진 모든 경기에서 우승을 차지하며 훌륭한 경기를 펼쳤다.

  결승전은 다음 날 열렸다. 안타깝게도 에릭은 200미터에서 패배하고 말았지만, 400미터에서는 우승을 차지했다. 이 대회에서 그의 400미터 우승 기록은 단지 49.6초에 불과했다. 아직도 그가 파리 올림픽에서 200미터, 400미터의 강력한 우승후보가 될 조짐은 보이지 않았다.

****

  이제 올림픽대회까지는 불과 2주밖에 남지 않았다. 모든 일들이 매우 빡빡하게 진행됐다. 그는 에든버러 대학의 최종 시험에 대해서도 생각해야 했다. 그는 대회에 열중하느라 시험 결과에 약간의 영향을 받았다. 하지만 늘 상위권 성적을 유지하고 있었다. 이제 올림픽대회 400미터 결승전을 마치고 나면, 7월 17일에 졸업하기 위한 모든 준비가 끝나게 된다.

****

에릭은 선수 생활뿐만 아니라 학교와 교회 일에도 하나님께 영광을 돌리려고 노력했다. 그는 기도할 때 항상 자신의 문제들을 주님 앞에 내려놓으려 애썼다. 에릭은 단 한 번도 올림픽대회나 다른 시합에서 이기게 해달라고 기도하지 않았다. 그런 기도는 이기적이고 불필요한 것이라 생각했다. 대신 대회와 그의 삶을 통해 하나님께서 영광 받으시기를 기도했다. 그리고 하나님께서 다른 사람들을 축복하기 위한 도구로 자신을 사용하심을 기뻐하시기를 기도했다.

마침내 모든 준비가 끝난 에릭은 영국 내 다른 올림픽 참가 선수들과 합류하기 위해 런던으로 갔다. 그리고 그들은 올림픽 개막식이 있기 며칠 전인 7월 5일, 런던의 빅토리아 역에서 성대한 환송을 받으며 출발했다.

올림픽 챔피언

드디어 400미터 경기의 결승전이 다가왔다. 선수들이 '출발선'에서 몸을 숙이고 자세를 잡자, 모든 사람들의 눈이 선수들에게로 향했다. 400미터는 경기장을 한 바퀴 도는 것으로, 에릭은 그저 조금 길어진 200미터처럼 달리기로 마음먹었다. 그러나 톰 코치는 에릭에게 너무 빨리 출발하지 말라고 주의를 주었다.

"에릭, 너무 빨리 출발하지 마. 마지막을 위해 힘을 아껴둬."

일반적인 달리기 요령에 따르면, 처음 반 바퀴는 전력을 다하지 않는다. 하지만 에릭은 처음부터 전속력으로 달렸다.

****

해럴드 아브라함Harold Abrahams도 그렇게 생각했다. 해럴드는 에릭이 포기한 100미터 경기에서 우승을 차지한 같은 팀 선수였다. 그는 응원석에 앉아 에릭이 전속력으로 출발하는 것을 보았다. '속도를 늦춰, 에릭. 너는 절대 그 속도로 계속 달릴 수 없어!' 그는 이렇게 생각하고 주변에 있는 동료들에게도 말했다.

해럴드는 에릭이 좋은 사람이라고 생각했다. 또한 기독교 신앙을 지닌 세계 최고의 달리기 선수라고 생각했다. 그는 에릭이 경기에서 잘하는 모습을 보고 싶었다. 하지만 해럴드는 남들보다 앞서서 달리는 에릭을 보며 그는 해낼 수 없다고 생각했다. '과연 저 속도를 계속 유지할 수 있을까?'

****

경기는 매우 흥미진진했다. 선두에는 속도 조절 없이, 머리를 뒤로 젖힌 채 팔을 사방으로 흔들며 이상한 자세로 달리는 작은 스코틀랜드인, 에릭이 있었다. 그 뒤를 가장 안쪽 레인의 미국인 호레이쇼 피치Horatio Fitch가 바짝 쫓고 있었다. 호레이쇼는 앞서 달리는 에릭을 보며 '너무 빨리 달려 나갔어. 달리기가 끝날 즈음에는 반드시 뒤처질 거야'라고 생각했다. 하지만 에릭은 전혀 흔들리지 않았다.

선두에 있던 에릭은 다른 선수들을 볼 수 없었다. 하지만 바로 뒤에서 트랙을 울리는 미국인의 규칙적인 발소리가 들렸다. 이 소리가 그를 재촉했다. 그는 자신을 채찍질하며 가능한 한 일정한 속도를 유지했다.

전날 요셉 임바흐Joseph Imbach가 48초로 세계신기록을 깼고, 이 기록은 3시간도 안 돼서 호레이쇼 피치에 의해 다시 47.8초로 바뀌었다. 누구도 쉽게 세계신기록과 올림픽 신기록을 깰 수 없을 것처럼 보였다.

****

에든버러에서는 에릭의 학교 친구들이 400미터 결승전 생중계를 듣기 위해 라디오 주변에 동그랗게 모여 있었다. 경기 막바지에 이르러 아나운서가 해설을 하자 그들은 몹시 흥분했다.

"선수들이 마지막 곡선구간을 지났습니다. 에릭 리들 선수가 여전히 선두를 지키고 있습니다. 그런데 그가 점점 더 속력을 내고 있습니다! 더 빠르게! 오! 이게 무슨 일인가요!"

마침내 에릭이 고개를 뒤로 젖히고 그의 팔과 다리를 재빠르게 움직이며 결승선을 통과했다. 해설을 듣고 있던 학생들 사이에서는 올림픽 경기장과 맞먹는 환호성이 터져 나왔다. 경기를 지켜보던 해럴드도 짜릿함을 느꼈다. 그의 눈에는 에릭이 영감을 받은 사람처럼 뛰는 것 같아 보였다.

****

에릭은 믿을 수가 없었다. 그는 물리치료사가 준 쪽지에 쓰여 있던 성경구절을 떠올렸다. "나를 존중히 여기는 자를 내가 존중히 여기고" 사무엘상 2:30. 그는 경기를 무사히 끝낼 수 있게 해 주신 하나님께 감사기도를 드렸다. 그리고 다른 선수들에게도 진심을 다해 악수를 하며 축하의 인사를 건넸다. 양 허리에 손을 얹은 포즈를 취하고 사진도 한두 장 찍었다. 그리고 탈의실로 돌아가서 혼자 속으로 생각했다.

'와! 올림픽 챔피언이라니! 이게 어떻게 된 일이지.'

잠시 후에 에릭은 경기장 내 방송 시스템을 통해 공식적인 발표를 들었다. "400미터 달리기 결과입니다. 1위는 새로운 올림픽대회 기록과 세계신기록을 세운 에릭 리들, 영국 국적, 47.6초…."

에릭은 자신이 관심의 대상이 된 것이 조금 쑥스러웠다. 하지만 그는 우승의 기쁨을 뒤로하고, 일요일에 파리의 스코츠커크에서 하기로 약속한 설교 준비를 했다. 지금 에릭에게는 설교 약속이 달리기경기의 우승보다 더 중요했다.

****

대부분의 스코틀랜드인에게 에릭의 우승은 예상치 못한 승리였다. 한 기자는 에릭의 성과에 대해 이렇게 썼다.

> 지금까지 어떤 육상 경기에서도 본 적 없는 가장 극적인 승리였다.

몇 년이 지난 후, 누군가 에릭에게 400미터 달리기경기의 우승 비결을 물었다. 그는 다음과 같이 유명한 말을 남겼다.

> 처음 반 바퀴는 내가 달릴 수 있는 한 빠르게 달렸습니다. 그리고 나머지 반 바퀴는 하나님의 도우심으로 더 빠르게 달렸습니다.

    올림픽은 다음 일요일(7월 13일)에 끝이 났다. 이날 역시 주일이었기 때문에 에릭은 달리지 않았다. 그는 스코츠 커크에서 설교를 하고 예배를 드렸다. 그날 영국 대표팀은 100미터와 400미터 이어달리기에서 각각 은메달과 동메달을 목에 걸었다.
    어떤 사람들은 '만약 에릭이 함께 뛰었다면 어떻게 됐을까?'라고 생각했다. 그 의문은 돌아오는 토요일(7월 19일)에 풀릴 예정이었다. 런던의 스탬퍼드 브리지에서 영국과 미국 대표선수들이 이어달리기 실력을 겨루기로 했기 때문이다. 예상했듯이, 영국 팀에서는 400미터 이어달리기 참가 선수로 올림픽대회에서 동메달을 딴 선수 3명과 에릭이 뽑혔다. 많은 사람들이 이 경기에 큰 관심을 보이고 있었다.

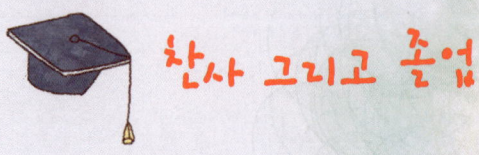

찬사 그리고 졸업

올림픽이 끝난 후, 바로 에릭의 졸업식이 있었다. 졸업식은 7월 17일 목요일에 에든버러 매큐언 홀에서 열렸다. 에릭의 학위 수여식이 조용히 지나갈 리가 없었다. 졸업식이 시작되고, 에릭의 머리 위에 준비된 월계관이 써졌다. 사실 이 월계관은 에든버러의 왕립 식물원에서 기증받은 야생 보리수나무 잎으로 만든 화관이었다. 다음 순서로 메이어 교수가 에릭이 파리에서 이룬 업적을 치하하기 위해 특별히 지은 '송시'를 그리스어로 낭송했다. 당시 대학교 총장은 알프레드 유잉 경이었다. 학위를 받기 위해 에릭이 앞으로 나왔을 때, 졸업식장은 전에 없이 많은 사람들이 몰렸다. 알프레드 경이 졸업장을 주며 말했다.

"리들 씨, 당신은 누구도 뛰어넘을 수 없는 훌륭한 업적을 보여 주었습니다."

졸업식이 끝난 후, 친구들은 에릭을 어깨 위에 태우고 성당까지 갔다. 당시에는 졸업식이 끝나면 세인트 자일스 대성당에서 예배를 드리는 것이 전통이었다. 성당 안으로 들어가기 전, 사람들이 에릭에게 연설을 청했다. 에릭은 겸손하게 이야기했다.

"제가 올해 초 미국에 있을 때 펜실베이니아 대학의 입구에 쓰여 있는 글귀를 보았습니다. '승리의 월계관뿐 아니라 패배의 먼지 속에도 최선을 다한 자에게는 영광이 있을지라.' 오늘 이곳에는 승리의 월계관을 받지 못했지만, 스스로 최선을 다한 많은 사람들이 있습니다. 이 모든 사람들에게도 승리의 월계관을 받은 사람들과 동일한 영광이 있습니다."

****

다음 날 에든버러 프린세스 거리의 맥키 식당에서 에릭의 우승을 축하하는 만찬이 열렸다. 에든버러의 모든 사람들이 그 자리에 모인 것 같았다. 겸손한 성격의 에릭에게는 이 모든 것이 부담스럽게 느껴졌다.

만찬을 연 사람은 샌즈 경이었다. 또한 에든버러의 시장과 윌리엄 슬레이 경, 알프레드 유잉 경 그리고 이름을 알 수 없는 지역의 기사들, 성직자들, 고위 관리들이 참석했다. 메뉴 카드에는 만찬의 이유가 적혀 있었다.

> 에릭 리들이 달리기경기에서 보인 주목할 만한 성과와 안식일을 기억하고 지키는 사람으로서 보인 믿음에 대한 그의 헌신을 기리기 위해.

샌즈 경은 만찬을 시작하는 인사말에서 에릭이 주일을 지킨 것에 대해 존경을 표했다.

"도덕성이 해이해진 요즘, '이번 한 번만' 혹은 '로마에 가면

로마법을 따르라'와 같은 말 뒤에 숨어서 자신을 방어하지 않는 사람을 찾는 것은 아주 특별한 일입니다."

이어서 노먼 맥클린 목사가 말했다.

"그는 그가 이루어 낸 업적을 통해서 기독교인은 나약하고 성인군자인 척하는 사람들이 아니며, 신앙이란 삶의 모든 부분에서 지켜야 하는 것이라는 사실을 증명했습니다."

여러 연설에 대한 화답으로, 에릭은 400미터 결승전이 있던 날 경기 시작 전에 물리치료사가 준 쪽지의 말씀을 인용했다. 그리고 안식일을 지키는 문제에 대해 자신과 같은 신념을 지닌 사람이 있다는 사실이 얼마나 기뻤는지 이야기했다.

****

만찬이 끝나자마자 에릭은 웨이벌리 역으로 가서 런던으로 가는 기차에 올랐다. 다음 날에 영국과 미국의 이어달리기 시합이 예정되어 있었기 때문이다.

올림픽대회에서 스코틀랜드 출신의 운동선수가 금메달을 딴 것은 보기 드문 일이었다. 파리 올림픽에서의 승리로 에릭은 신문, 방송과 사람들 사이에서 많은 찬사를 받았다. 그는 주일을 지키고 엄격하게 금주를 하는 평범하지 않은 신념을 가지고 있었음에도 아주 큰 인기를 끌었다. 에릭은 매력적인 성격과 호감이 가는 태도를 보였으며, 확실한 신앙심을 지니고 있었다. 사람들은 그의 이런 점을 존경했다.

에릭은 이제 스코틀랜드에서 유명 인사가 됐지만, 그의 친구들은 그가 인기를 얻었다고 해서 거만해지지 않을 것을 알았다.

나중에 에든버러 대학교의 신문 『학생』The student지에 에릭에 대한 헌사가 실렸다. 다음은 1924년 10월 22일자 『학생』지에 실린 글이다.

> 육상에서 이룬 성공은 사람을 거만하게 만들기에 충분했다. 하지만 에릭 리들은 변함 없이 겸손했다. 그의 겸손함은 완전히 진실하고 꾸밈이 없다. 그는 자신의 승리를 자랑하며 떠들어대지 않고 겸허하게 받아들였다. 그는 당연한 일을 했다고 생각했다. 그저 묵묵히 자신의 신념을 따를 뿐 조금도 박수를 받으려 하거나 비난을 잠재우려 하지 않았다.
> 신념에 충실한 그는 형식적인 바리새인들과 달랐다. 그가 최고로 잘한 일은 학교의 명성에 기대지 않고, 오히려 학교의 이름을 널리 알렸다는 것이다.
> 이에 모교는 우리가 전할 수 있는 최고의 찬사를 에릭 헨리 리들에게 보낸다.

에릭은 모든 순간을 즐기려고 노력했지만, 겸손한 성격의 그는 이 모든 것이 진심으로 과분하고 부끄러웠다.

더 위대한 달리기

　7월 19일 토요일에 스탬퍼드 브리지에서 열린 영국과 미국 대표선수들 간의 이어달리기 시합은 굉장히 뜨거운 관심을 받았다. 사람들에게는 올림픽 육상선수들과 메달을 딴 챔피언들을 실제로 보는 것이 꽤 흥분되는 일이었다.

　대부분의 시합을 미국 선수들에게 장악당한 후, 사람들의 관심은 400미터 이어달리기에 쏠렸다. 영국 팀은 첫 번째 주자 에드워드 탐스Edward Toms, 두 번째 주자 리처드 리플리Richard Ripley, 세 번째 주자 가이 버틀러Guy Butler, 그리고 마지막 주자인 에릭으로 구성됐다. 미국 팀은 올림픽대회 400미터 달리기에 출전했던 에릭 윌슨Eric Wilson, 레이 로버트슨

Ray Robertson, 호레이쇼 피치 3명의 선수와 파리 올림픽에서 조국에 400미터 이어달리기 금메달을 안겨준 빌 스티븐슨Bill Stevenson으로 이루어진 강한 팀이었다. 이번 시합에서 호레이쇼는 에릭과 함께 마지막 구간에서 경쟁할 예정이었다.

****

이번 시합은 결국 파리 올림픽 400미터 달리기의 금메달리스트와 은메달리스트의 싸움이 됐다. 드디어 마지막 주자들이 달리기 시작했다. 호레이쇼는 약 6미터 정도 영국 팀을 앞서며 세 번째 주자에게 바통을 이어받았다. 조금 뒤처져서 뛰기 시작한 에릭에게 우승을 바라는 것은 무리한 요구 같았다. 하지만 에릭은 상대 선수를 앞지르기로 작정하고 달렸다. 마침내 에릭은 호레이쇼를 4미터 정도 앞서며 결승선을 통과했다. 400미터 이어달리기는 그날 오후에 있었던 8개의 시합에서 영국이 승리한 2개의 시합 중 하나였다. 이때 영국 팀의 기록은 3분 18.2초로, 세계신기록보다 겨우 0.2초 느렸다.

호레이쇼 피치는 마치 하늘을 나는 듯한 스코틀랜드인의 승리를 축하했다.

"축하해 에릭, 정말 멋진 경기였어! 너의 승리야."

에릭은 많은 영국 관중들에게 큰 환호를 받았다. 이 시합을 지켜본 미국인들도 그에게 감탄했다.

****

그다음 주 금요일(7월 25일)에 에릭의 업적을 축하하기 위해 다른 파티가 열렸다. 이번에는 시장님과 지방 의원들이 마련해 준 자리로, '지식인과 체육인, 도시의 다른 유명인들'의 모임이었다. 그곳에서 에릭은 황금 시계와 시계 줄을 선물 받았다. 회답 연설에서 에릭은 자신의 코치인 톰 맥커차의 도움이 컸음을 특별히 강조했다.

****

에릭은 시즌이 끝나기 전, 몇 개의 시합에 더 참가했다. 그중 하나는 그리녹에서 가진 스코틀랜드와 캐나다의 시합이었다. 그날은 비가 많이 왔다. 그럼에도 불구하고 에릭은

400미터에서 우승을 하고, 1마일(약 1.6킬로미터) 이어달리기 시합에서는 1등으로 결승선을 통과하며 스코틀랜드 팀을 승리로 이끌었다. 그리고 대회가 끝난 후 특별전도 집회를 열었다. 이제 체육 대회가 있는 곳에서 특별전도 집회를 여는 것은 그리 이상한 일이 아니었다.

일요일에는 인버킵 거리에서 사람들에게 설교를 했다. 몇천 명의 사람들이 모여들었다. 갑자기 비가 세차게 내려 모두 당황했지만 근처 가까운 공원으로 자리를 옮겨 다시 말씀을 이어 갔다. 그곳에서 에릭은 "너는 청년의 때에 너의 창조주를 기억하라"전도서 12:1는 말씀으로 설교를 했다.

****

에릭은 시즌이 끝나기 전에 참가한 몇 번의 시합에서 많은 사람들의 주목을 받았지만, 그의 마음은 다른 곳을 향하고 있었다. 그는 에든버러에 있는 신학교에서 받을 1년의 교육과정에 전념하고 싶었다. 그리고 이제 막 D. P.와 함께 1년 동안 스코틀랜드와 주변 지역에서 전도 활동을 시작하려던 참이었다.

1년간의 전도활동

"그냥 진실하게 이야기하면 돼. 네가 직접 경험한 것들을 있는 그대로 이야기해." D. P.가 말했다.

시간이 흐르면서 에릭은 설교하는 것에 적응했다. 이때 D. P.가 많은 도움을 주었다. D. P.는 전도를 매우 열심히 하는 신학생이었다. 수줍어하는 성격의 에릭과 반대로 그는 외향적인 성격이었다. 에너지 넘치는 동료의 뚝심과 로버트 형의 열정적인 격려와 아버지의 설교에 대한 기억은 에릭이 설교를 준비할 때 굉장히 큰 힘이 됐다.

에릭은 특별히 말을 잘하는 사람이 아니었다. 그러나 그는 설교가 복잡하지 않고 이해하기 쉬워야 한다는 사실을 알고 있었다. 그 결과 그의 설교를 들은 모든 사람들이 동감하고 큰 감명을 받았다. 이것이 에릭 설교의 강점이었다. 에릭은 조용하고 잘난 체하지 않았으며, 젊은 청중들에게 영향력 있는 사람이었다. 물론 많은 사람들 앞에서 말하는 것은, 달리기나 럭비를 하는 것보다 긴장되는 일이었다. 하지만 처음부터 그의 관심은 그가 하는 모든 말과 행동이 하나님께 인정을 받고 능력을 구하는 데 있었다.

****

그러나 에릭은 자신의 신학적인 훈련이 부족하다고 느꼈다. 그래서 선교를 잘 준비하기 위해 스코틀랜드 신학교에 다녔다. 1924년 가을, 그곳에서 1년간의 교육과정을 시작했다. 그리고 에릭과 D. P.는 더 많은 기도로 스코틀랜드와 잉글랜드에서 1년 동안 이루어질 전도활동을 준비했다.

이후 에릭은 D. P.와 함께 학생 전도대회에 참여했다. 가장 마지막이자 큰 규모의 집회는 10월 초 에이셔의 킬마녹에서 열렸다. 에릭은 집회가 시작된 주일, 500여 명의 사람들 앞에 섰다. 그리고 매일 6번의 집회를 했다. 두 번째 주일 밤에는 모인 사람들의 수가 1,700여 명에 이르렀다. 그것은 에릭에게 특별한 경험이었다. 사실 많은 사람들은 올림픽 챔피언이 설교하는 것을 보려고 그곳에 왔다. 그리고 그들은 이 집회가 예수 그리스도를 믿으라고 권하는 모임이라는 것을 알고 있었다.

10월에 했던 여러 집회가 끝난 후 D. P.는 어머니에게 편지를 썼다.

> 에릭은 회장으로서, 리더로서, 설교자로서 큰 발전을 했어요. 우리는 함께 하는 것이 점점 더 행복해져요. 저는 에릭보다 훌륭한 사람을 본 적이 없어요. 단 한 번도 우리의 우정에 위기가 찾아온 적이 없어요. 이건 모두 에릭 덕분이에요. 그는 알면 알수록 정금 같은 사람이에요.

이렇게 1년이 지났다. 그들은 교회, 학교, 극장, 여러 공공회관 등에서 집회를 했다. 많은 영혼들이 집회를 통해 신앙을 갖게 되고 변화됐다. 후에 D. P.는 1년 동안 집회를 하며 인상적이었던 순간에 대해 다음처럼 기록했다.

> 젊은 사람들과 소년들이 집회에 왔다. 에릭은 그들의 생명을 하나님 아버지를 예배하는 일에 쏟아야 한다는 사실을 매력적으로 설명했고, 나도 그 말에 동감했다.

집회는 1925년에 에릭이 중국으로 떠나기 직전까지 계속됐다. 그곳에서 그는 설교뿐만 아니라 젊은 사람들과 소년들을 활발히 지원하는 등 많은 활동을 했다.

****

먼저, 에릭은 성경을 읽고 기도하는 일을 권했다. 그리고 1925년 1월 에든버러의 교회에서 성경 읽기와 기도 모임에 대해 설교를 했다. 에릭에게 성경은 하나님의 말씀이고, 기도는 하늘에 계신 아버지께 말하는 것이었다. 에릭은 말씀과 기도가 건강한 믿음과 신앙생활에 큰 영향을 준다고 생각했다.

그는 또한 주일에 관심을 두었다. 에릭은 '일요일에는 달리지 않는 사람'으로 유명했다. 그는 어디를 가든지 한 주의 첫째 날은 안식일로서, 기독교인은 십계명의 4번째 계명을 따라 거룩하게 지켜야 한다고 가르쳤다.

> 오늘날 교회가 어려움을 겪는 이유는 주일을 지키는 것을 사소하게 생각하기 때문입니다. 만약 교회가 안식일에 대한 태도를 바꾸는 일에 뜻을 모은다면, 모든 문제를 극복할 수 있을 것입니다.

또한 에릭이 진심으로 걱정하는 부분은 술 마시는 일이 점점 늘어난다는 점이었다. 그는 평생 술과 담배를 하지 않았다. 그리고 종종 금주에 대해 설교를 했다. 그는 술이 사회의 골칫거리가 될 것이라 생각했다. 그들의 신념에 따라 리들 가족은 몇 세대에 걸쳐 적극적으로 금주했다.

에릭이 D. P.와 함께 했던 마지막 집회는 그가 중국으로 떠나기 몇 주 전 에든버러에서 열렸다. 1925년 5월 초 어느 화요일, 도시의 서쪽 끝에 있

는 세인트 조지 자유 교회 St George's United Free Church에서 12번에 걸친 저녁 집회가 시작됐다. D. P.의 제안에 따라 주일에 있을 집회를 위해 조직 위원회가 커다란 어셔 홀을 빌렸다. 이 홀은 스코틀랜드 수도에서 가장 큰 공연장으로 교회에서 몇백 미터 떨어진 곳에 있었다.

둘째 주 월요일 저녁, 교회는 1,100여 명의 사람들로 가득 찼다. 하지만 사람들의 수는 조금씩 줄어들었다. 월요일부터 금요일까지의 집회에는 500명 정도의 사람들밖에 없었다. 과연 일요일에 어셔 홀이 가득 채워질 수 있을까? 세인트 조지 자유 교회의 목사님은 성도들을 데려와 마지막 집회의 자리를 채워 주겠다고 약속했다. 실제로 그날 밤, 교회 성도들을 비롯해서 엄청나게 많은 사람들이 모여들었다. 어셔 홀과 바로 길 건너에 있는 교회가 꽉 찰 정도였다. 놀라운 일이었다. 그들은 모든 과정을 하나님께서 도우셨으며, 연속 집회의 결과로 그리스도의 열매가 맺혔음을 믿었다.

****

에릭이 설교한 집회 중 하나가 신문기사로 쓰였다. 기사의 내용은 다음과 같다.

> 에릭 리들은 조용하고 차분하고 천천히, 때로는 속삭이는 것보다 작은 목소리로 말했다. 하지만 그의 목소리는 항상 또렷하게 잘 들렸다.

그리고 신문에는 에릭이 설교한 내용도 함께 실렸다.

> 젊고 경험이 많지 않고 말주변이 없는 제가 여러분 앞에 나왔습니다. 왜냐하면 저는 여러분에게 전할 이야기가 있기 때문입니다. 저는 여러분에게 저의 경험을 나누려고 합니다. 요 며칠 동안 여러분 앞에 선 것이 제가 한 일 중 가장 잘한 일이라고 생각합니다.
> 우리의 예배를 받기에 합당하신 분, 예수 그리스도를 소개합니다. 그분은 우리의 구원자이십니다. 그리고 우리에게 가장 좋은 것으로 주시는 분입니다.
> 여러분은 예수 그리스도의 기준에 알맞게 살고 있습니까? 예수님께서는 부르심에 응답하는 사람들을 찾고 계십니다.

> 만약 여러분이 철저히 예수님을 위해 나아간다면, 에든버러와 스코틀랜드 전체가 변화될 것입니다. 마지막 날에 에든버러가 씻겨 내려가고 모든 스코틀랜드가 큰물에 잠길 것입니다. 오늘 밤에 여러분은 무엇을 하시겠습니까?

이 기사는 복음과 예수 그리스도의 사람에 대한 에릭의 열정과 영혼들을 위한 그의 관심을 잘 나타내 준다. 에릭은 몇 주가 지나고, 글래스고에서 열린 마지막 스코틀랜드 선수권대회에서 모든 우승을 휩쓸었다. 그리고 그는 하나님을 위한 일을 하기 위해 중국으로 떠났다.

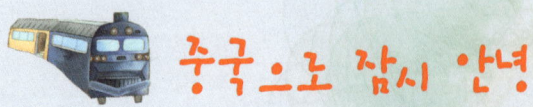

중국으로 잠시 안녕

> 올림픽에서처럼 확실하고 곧바르게, 또 다른 경주를 위해 중국으로 떠난다.
> 결말은 알 수 없지만, 우리는 그가 자신만의 속도를 찾은 후에 반드시 해낼 것을 확신한다.

이 글귀는 에릭이 선교지로 떠나기 전, 글래스고의 유명한 신문에 실린 기사이다. 신문에는 그가 목사님처럼 옷을 입고 육상 트랙을 도는 만화도 함께 실렸다. 그는 자신의 삶을 향한 하나님의 계획을 찾고 있었고, 중국에서 복음을 전해야 함을 진심으로 느끼고 있었다. 그리고 결말은 오로지 하나님의 인도하심에 달려 있음을 알고 있었다.

에릭은 7월 4일 토요일에 런던의 빅토리아 역에서 중국으로 떠날 예정이었다. 사실상 그의 여정은 6월 29일 월요일부터 시작됐다. 그전까지 셀 수 없이 많은 환송회가 있었고, 토요일에는 그의 마지막 달리기경기인 스코틀랜드 선수권 대회가 열렸다. 중국으로 떠나기 전 마지막 대회답게 정말 많은 관중들이 모였다. 에릭은 모든 경기에서 우승을 차지했다.

****

다음 날은 에릭에게 기쁘기도 하고 슬프기도 한 날이었다. 그날은 어거스틴 교회에서 특별한 파티가 있었다. 그 자리에서 에릭은 하나님께 헌신하고 봉사하는 것을 주제로 설교를 했다. 모든 사람들이 그에게 행운을 빌어 주고, 악수를 청했다. 그리고 모두가 한마음으로 에릭의 선교를 위해 기도해 주었다. 에릭은 감동의 눈물을 흘리며 용기를 얻었다.

그의 출발은 다음 날 호프 테라스의 학교에서 시작됐다. 학생들과 친구들은 성대한 배웅을 준비했다. 에릭은 그들이 준

비한 마차를 타고 기차역까지 갔다. 행렬의 소식을 들은 사람들이 밖으로 나와 그를 배웅했고, 기차역에도 상당히 많은 사람들이 나와 있었다. 스코틀랜드 사람들의 마음을 빼앗은 위대한 달리기 선수를 위한 엄청난 배웅이었다. 사람들은 에릭에게 떠나기 전에 한마디만 해 달라고 요청했다.

"저는 외교관으로서 다른 나라로 떠납니다. '세계를 위한 예수 그리스도, 예수 그리스도를 필요로 하는 세계를 위해'라는 말이 우리의 좌우명이 돼야 합니다. 저의 삶의 마지막에 제가 이 좌우명의 본보기가 됐으면 합니다."

****

기차는 느리게 움직이기 시작했고 곧 사람들의 시야에서 사라졌다. 이제 에릭은 중국으로 가서 하나님을 위한 일을 하게 될 것이다. 한편으로 에릭은 부모님과 여동생 제니, 남동생 어니스트와 이제는 결혼해서 상하이의 런던선교회에서 의료 활동을 하는 형 로버트를 만날 생각에 가슴이 부풀었다.

흥미진진한 여정

에릭의 여정은 매우 흥미진진했다. 중국으로 가는 길은 런던의 빅토리아 역에서부터 시작됐다. 에릭은 기차를 타고 포크스톤으로 가서 여객선을 타고 네덜란드의 플러싱으로 갔다. 플러싱에서 기차를 타고 베를린으로 가서 10시간을 보낸 후, 라트비아의 리가에서 모스크바로 가서 시베리아 횡단 열차를 탈 예정이었다. 하지만 이것은 모험의 시작일 뿐이었다. 러시아에서 중국까지는 1주일이 걸렸다. 이 여정은 6,000마일(약 9,600킬로미터)에 조금 못 미치는 거리를 7일 안에 달리는 무척 어려운 과정이었다.

에릭은 모스크바에서 시베리아 횡단 열차의 객실에 올라탔다. 이제 최종 목적지인 톈진까지 서에서 동으로 달리는 마지막 여정이었다. 그는 기차 안에서 깊게 생각하고 책을 읽고 기도하는 시간을 충분히 가질 수 있었다. 그는 자리에 앉아서 아버지가 1924년 12월에 쓴 연간 선교 보고서를 다시 읽었다.

> 지난 한 해 동안 또 다른 내전으로 대통령이 바뀌고 민간과 군 내부 모두에 대대적인 인사이동이 있었습니다. 철도 통신과 무역 쪽의 상황도 좋지 않았습니다. 무슨 일이 일어날지 알 수 없는 긴장감이 가득합니다. 이 상황을 지켜보는 사람들에게, 그 어느 정당도 복종을 명령하고 나라를 다스릴 만큼 강해 보이지 않는 것 같습니다. 이런 시기에 교회의 일을 하는 데 어려움을 겪는 것도 놀라운 일이 아닙니다.
>
> 올해 우리는 전쟁, 홍수, 기근의 3가지 나쁜 일을 겪었습니다. 모두 믿기 어려울 만큼 고통스러웠습니다. 많은 가정이 파괴되고, 많은 생명을 잃었습니다. 오, 너무 끔찍합니다. 이 모든 고통, 파괴, 낭비가 불필요한 것으로 생각됩니다.

이것이 에릭이 앞으로 가려는 곳의 상황이었다. 하지만 하나님을 위한 일이고, 하나님께서는 모든 필요한 은혜를 주실 것이다. 에릭은 그 사실에 감사했다.

이후에 아버지는 더욱 나빠진 상황을 알리는 편지를 썼다. 에릭은 아버지가 최근 보낸 편지를 읽어 보았다.

> 작년에 저는 중국이 '요동치는 물'이라고 표현했습니다. 이번 해에는 '끓는 물'이라고 말해야 할 것 같습니다. 현재 중국의 상황을 잘 모르는 사람들에게 어떻게 전해야 할지 모르겠지만, 여러 가지 요인으로 미래를 내다보기가 힘듭니다.
>
> 중국 국민들의 불만은 점점 커지고 있습니다. 복잡한 상황에 다양한 견해와 많은 해결책이 제안됐습니다. 하지만 여전히 무거운 짐에 눌려 비틀거립니다. 큰 고통 속에 괴로워하는 국민들은 그들의 소망을 이루기 위해 노력하고 있습니다. 하지만 그렇게 될 수 있는지 없는지는 아무도 장담할 수 없습니다.

에릭은 길을 떠난 지 2주 만에 포하이 바닷가에 있는 페이타이호에 도착했다. 페이타이호에는 선교단체들이 선교사들을 위해 지은 몇 개의 별장이 있었다.

"에릭, 다시 보게 되니 매우 기쁘구나! 여행을 무사히 마치게 해 주신 하나님, 감사합니다!"

그의 아버지와 어머니가 외쳤다. 다른 가족들과 친구도 마중을 나왔다. 그들은 에릭을 지켜 주신 하나님께 감사기도를 드렸다. 그리고 마침내 에릭이 가족의 품에 안길 수 있게 해 주심에 기뻐했다.

****

에릭은 그곳에서 6주 동안 행복한 시간을 보냈다. 일주일 후에는 상하이에 사는 로버트 형과 형수님 리아(Ria)도 와서 함께 시간을 보냈다. 그리고 어느새 에릭과 아버지가 톈진 내륙으로 가기 위해 기차를 타고 떠나야 할 시간이 됐다. 에릭이 일하기로 한 학교는 9월 초에 다시 문을 열 예정이었다. 흥분된 마음을 가라앉힌 채, 기차에 탄 에릭은 수업 준비를 시작했다.

새로운 시작

톈진은 해변에서 30마일(약 48킬로미터) 떨어진 하이허 강가에 있었다. 여기에서 에릭은 12년 동안 선교 활동을 했다.

처음 도착했을 당시, 톈진의 인구는 150만 명이었다. 그곳은 무역과 산업의 중심지였다. 톈진의 선교단체는 런던선교회가 하는 일 중에 가장 크고 방대한 사업이었다. 에릭의 부모님은 1922년에 가진 안식년이 끝난 후 이곳에 파견됐다.

그때의 톈진은 2개의 지역으로 나눠져 있었다. 한쪽은 면적이 작은 지역으로 인구가 빽빽했고, 중국의 통치 아래에 있었다. 그리고 다른 한쪽은 면적이 큰 지역으로 8개국(오스트리아, 이탈리아, 러시아, 일본, 프랑스, 영국, 독일, 벨기에)

사람들이 사는 '외국인 거류지'였다. 처음에 에릭은 부모님과 여동생 제니, 남동생 어니스트와 함께 영국인 거류지에서 지냈다.

****

에릭의 첫 선교 활동은 톈진 앵글로-차이니즈 학교에서 시작됐다. 그곳은 런던선교회의 지원을 받아 사무엘 라빙턴 하트Samuel Lavington Hart 박사에 의해 세워졌다. 1902년에 처음 문을 열었고, 하트 박사는 교장을 맡고 있었다. 에릭이 학교에 처음 갔을 때에도 하트 박사가 있었다. 학교는 12-18세의 중국 아이들로 구성된 남학교였다. 수업은 영어로 진행됐으며, 5명의 영국인과 25명의 중국인 선생님이 있었다. 500명 가까이 되는 학생들은 대부분 그 지역의 '상류층' 아이들이었다. 이 학교는 학생들을 대학교 수준까지 가르치는 훌륭한 교육기관 중 하나였다.

****

학교 교육은 모두 기독교를 바탕으로 했다. 하트 박사는 중국을 이끌어 갈 다음 세대에게 올바른 신앙을 심어 주기 원했다. 이를 위해 학교에서는 매일 고학년 학생들을 대상으로 한 예배가 열렸다. 예배 시간은 약 25분으로, 기도하고 성경을 읽고 찬송을 불렀다. 또 매주 선생님이 이끄는 성경공부 모임이 열렸다. 모임은 학교 수업시간 이외에 원하는 사람들을 중심으로 진행됐다. 최소한 300명의 학생들이 모임에 참석했다. 에릭이 이끄는 모임에는 반 학생의 90%가 참석하기도 했다. 또한 매주 일요일에는 아침 예배가, 주중에는 기도와 찬양 모임이 학교 예배당에서 있었다.

텐진 앵글로-차이니즈 학교에 있는 몇 년간 에릭은 과학과 영어 과목을 가르쳤다. 또한 학교생활 속에 기독교 복음을 가르치는 일과 운동에 관련된 학교 교과 과정을 모두 책임졌다.

에릭은 사람들과 잘 어울렸는데 특히 어린아이들과 친밀하게 지냈다. 학생들에게 하나님을 알리는 그의 영향력은 정말 대단했다.

선교사로서 섬기던 초기에 에릭은 성경공부 모임을 이끄는 일에 대해 이렇게 기록했다.

> 학생들과 예수님의 생애에 대해 공부했다. 그들은 '매일 성경읽기 카드'를 가지고 있다. 이것으로 나는 학생들이 2가지 습관을 가지기를 바란다. 첫째는 아침 묵상기도를 하는 것이고, 둘째는 성경에는 매일의 삶에 적용할 수 있는 메시지가 담겨 있다는 기대를 하는 것이다.

에릭은 수업이 영어로 진행됐음에도 다시 중국어를 배우려고 노력했다. 이는 중국 아이들과 원활한 소통을 하기 위한 노력이었다. 에릭은 1937년 말까지 지역 교회에 다니며 전도 활동을 했는데, 그동안 그의 중국어 실력은 꽤 유창해졌다.

달리는 선교사

중국에서도 달리기는 에릭의 인생에서 떼려야 뗄 수 없는 부분이었다. 그는 1930년까지 중국에서 열리는 달리기경기에 참가했다. 그리고 지금까지 그와 관련된 몇 개의 전설적인 이야기들이 전해지고 있다.

그중 하나가 1928년 9월, 만주에서 열렸던 시합이다. 그때 에릭은 만주의 다롄에서 열린 남만주 철도 축하경기에 초대됐다. 에릭 리들은 200미터와 400미터 경기를 뛰었고, 모두 우승했다. 그는 이 경기를 할 때 일어났던 한 가지 특별한 경험에 대해 다음처럼 말했다.

> 달리기경기는 배가 출발하기 1시간 30분 전에 열렸다. 나는 달리기를 마치고 택시를 타러 가려고 했다. 그때 악단이 영국의 국가인 '신이여 왕을 구하소서'를 연주했다. 나는 연주가 끝날 때까지 기다릴 수밖에 없었다. 그러고 나서 택시를 타기 위해 움직이려던 찰나, 무슨 일이 벌어졌을까? 내 뒤로 결승선을 통과한 사람은 프랑스 선수였다. 당연히 악단은 프랑스 국가를 연주했다. 나는 또다시 멈출 수밖에 없었다. 택시는 출발 시간에 딱 맞춰 도착했다. 나는 힘차게 달려서 부두의 끝까지 갔다. 그러나 배는 이미 출발해 점점 멀어지고 있었다. 그런데 그때 밀물이 배를 조금씩 뒤로 밀어 주었다. 그래서 나는 가방을 버리고 배에 뛰어올랐다. 결국 나는 배에 무사히 탈 수 있었다.

그때 그가 배에 뛰어 올라 탄 거리는 약 4.5미터 정도였다. 에릭 자신도 믿기 힘들었다. 이것은 하나님이 주신 기적으로만 해석이 가능한 일이었다. 지금까지도 에릭에 대해 이야기할 때면 모두들 이때의 상황을 떠올리곤 한다.

****

1930년 이후, 에릭은 어떤 달리기경기에도 참가하지 않았다. 1932년 로스앤젤레스 올림픽대회에서도 뛰지 않았다. 올림픽이 열리던 해에 그가 캐나다를 거쳐 스코틀랜드 집으로 돌아올 때 한 기자가 물었다.

"당신의 인생을 선교 일에 바친 것을 후회하지 않습니까? 세상의 관심과 환호, 승리의 포도주가 그립지 않습니까?"

"글쎄요, 물론 때때로 그런 것들이 생각납니다. 하지만 저는 지금 선교 일을 하는 것이 기쁩니다. 예수님의 제자로 사는 삶이 다른 것보다 더 중요합니다. 썩어 없어질 왕관이 아니라 영원한 것이니까요."

****

톈진 앵글로-차이니즈 학교에서 일하는 동안 에릭은 큰 행복과 보람을 느꼈다. 하지만 1929년에 에릭의 아버지가 선교사로서 섬기는 기간이 끝났을 때, 많은 변화가 생겼다. 하나는 새로운 숙소를 찾아야 하는 것이었고, 또 하나는 이제 그가 고향에 가야만 가족들을 볼 수 있다는 것이었다.

학교 동료들과 함께 사는 것은 처음이었다. 1931년 이후에 함께 집을 나누어 쓴 사람은 도널드 맥개빈Donald McGavin이었다. 그는 에릭에 대해 이렇게 평가했다.

> 에릭의 삶의 중심은 예수 그리스도였습니다. 그리고 그가 한 모든 일은 하나님을 위한 것이었습니다. 에릭은 그의 삶으로 하나님께 영광을 드렸습니다.

****

하지만 그의 가족이 스코틀랜드로 돌아가고 얼마 지나지 않아 에릭에게 특별한 일이 생겼다. 그는 바쁜 시간을 보내고 있었다. 그는 아직 20대였고 결혼하지 않은 상태였다. 자연히 그는 자신과 마음이 맞는 아내를 찾는 것에 대해 기도했다. 그런데 한 젊은 숙녀가 그의 눈에 들어온 것이었다. 이 만남은 그의 생활을 완전히 바꾸었다. 그녀의 이름은 플로렌스 매켄지Florence Mackenzie였다.

사랑과 결혼

플로렌스는 에릭의 남동생 어니스트보다 겨우 한 살 많았다. 그녀는 휴Hugh와 아그네스Agnes 매켄지 선교사 부부의 딸이었다. 휴 선교사는 캐나다의 연합교회에서 중국 북쪽 지역의 선교를 총괄하는 책임자로 일했고, 그의 아내는 1910년에 웨이후이에 복음을 전하기 위해 파견됐다. 그들은 7명의 자녀를 두었는데, 플로렌스(1911년 출생)는 그중에 첫째였다.

****

아그네스는 1926년에 톈진으로 돌아오는 길에 연합교회에서 에릭을 처음 만났을 때를 기억했다.

"그는 매우 겸손하고 행동이 점잖았습니다."

에릭과 플로렌스의 친분은 몇 년 동안 꾸준히 이어졌다. 그리고 그 둘의 사랑이 피어나던 때, 그녀의 나이는 17세였다. 1929년 여름, 플로렌스의 18번째 생일을 앞둔 때였다. 둘은 서로를 존중하고 예의를 지키며 사귀었다. 하지만 결혼하기까지는 몇 년을 기다려야 했다. 플로렌스는 1930년 7월부터 1934년 초까지 토론토에서 간호사 교육을 받을 예정이었기 때문이다. 그래서 에릭과 플로렌스는 그녀가 떠나기 전 약혼식을 올렸다.

****

1931년 8월 말, 에릭은 그의 첫 안식년을 보내기 위해 스코틀랜드로 돌아갔다. 보통 선교사들은 6-7년을 일하면, 다음 1년을 쉬었다. 단, 선교회와 후원해 주는 교회를 돌며 회의와 평가회를 해야 했다.

에릭은 안식년을 맞아 가족들을 만나러 스코틀랜드로 가기 전에, 약혼자 플로렌스와 그녀의 가족들이 있는 토론토로 갔다. 어떤 의미로 안식년은 마냥 쉬기만 하는 시간이 아니었다. 왜냐하면 그 1년 동안 많은 설교 약속이 있었기 때문이다.

그리고 에릭의 안식년의 목적 중 하나는, 스코틀랜드 신학교에서 1년 동안 공부한 후 목사 안수를 받는 것이었다.

****

에든버러와 글래스고에서는 에릭을 환영해 주기 위한 성대한 파티가 준비됐다. 세계적인 운동선수, 지역의 공무원, 대학의 관계자들, 그리고 교회 사람들이 모두 참석했다. 에릭은 겸손한 태도를 유지하며 결코 사람들의 인기를 얻는 데 연연하지 않았다. 9월 30일, 에든버러의 세인트 조지 자유 교회에서 열린 집회에서 그는 기독교인의 자세에 대해 설교했다.

"우리는 모두 선교사입니다. 우리가 종교 안에 거하거나 종교가 우리 안에 거하도록 허락해야 합니다. 우리는 사람들을 예수님께로 더 가까이 데려올 수도, 더 멀어지게 할 수도 있습니다."

글래스고에서 있었던 집회에서는 이 문제들에 대해 더 자세히 이야기했다.

"교회가 마주한 가장 큰 2가지 문제는 도박과 술입니다. 이 죄악들이 젊은 사람들의 에너지를 소모하게 합니다. 교회가 하나 되어 이 문제들에 맞서야 합니다. 그러면 그것들을 물리칠 수 있습니다."

에릭이 설교한 수많은 집회 중에 그의 생각이 확실히 표현됐던 자리는 3월 8일에 열렸던 스코틀랜드 안식일 연합 집회였다. 그때 에릭 리들의 '일요일 경기'라는 주제를 포함해 여러 가지 의견이 제시됐다.

"사람들이 주일에 모여 운동 경기나 오락을 하는 일이 점점 늘어나고 있습니다. 그 자체는 나쁘지 않지만, 이 일이 젊은 사람들의 큰 관심을 끌기 때문에 해롭습니다. 이런 모임들은 사람들의 불필요한 몸의 움직임을 만들어 냅니다. 따라서 젊은 이들이 모여서 일요일에 운동 경기나 오락을 하지 않도록 요청해야 합니다."

에릭만큼 젊은 사람들이 운동과 오락에 참여하는 모습을 보기 좋아하는 사람은 없었다. 하지만 하나님의 말씀은 꼭 지켜져야 한다는 것이 그의 신념이었다. 특히 예배를 드리기 위해서 안식일을 지키는 것이라면 더욱 그랬다.

에릭은 한 번이라도 주일을 지키는 것이 무너진다면, 점점 더 주일을 지키기가 힘들어진다는 사실을 잘 알고 있었다. 게다가 종교적인 이유 외에도 안식일을 지키면 몸이 휴식을 취할 수 있다는 장점도 늘 강조했다.

안식년을 끝내고 중국으로 떠나기 전에 에릭은 스코틀랜드 던디에서 '젊은 사람들에게 주어진 하나님의 도전'이라는 주제로 설교를 했다. 그때 그는 다음과 같은 간곡한 부탁을 했다.

"하나님을 존경하는 것이나 하나님을 사랑하는 것으로는 충분하지 않습니다. 사도들은 '내게 사는 것이 그리스도니' 빌립보서 1:21 라고 고백하며 울부짖었습니다. 이것이 하나님을 위해 일할 때 우리가 가져야 할 마음입니다."

6월 22일 수요일, 에릭은 스코틀랜드 교회 연합회에서 목사로 임명받았다. 기쁘게도 D. P.가 에릭의 목사 안수식에서

기도를 해 주었다. 그 사이 D. P.는 스코틀랜드 던퍼믈린 지역 교회의 목사가 되어 있었다. 그리고 며칠 후에 에릭은 캐나다를 거쳐 다시 중국으로 돌아갔다.

****

톈진으로 돌아온 1932년 가을부터 결혼식을 올린 1934년까지 시간이 물 흐르듯 지나갔다. 1934년 초에 플로렌스는 토론토에서의 간호사 교육을 마치고 돌아왔다. 결혼식은 3월 27일 화요일이었다.

굉장한 결혼식이었다. 에릭과 플로렌스의 결혼식 기사가 지역신문 『톈진과 북경 타임스』와 『북중국뉴스』에 실렸다. 예식이 끝난 후에는 신부의 부모님 집에서 축하파티가 열렸다. 에릭의 가족들은 아무도 오지 못했다. 그리고 슬프게도 에릭의 아버지는 결혼식을 올리기 몇 달 전인 1933년 11월에 돌아가셨다.

****

결혼식 축하파티 후에 에릭과 플로렌스는 북경의 웨스턴 힐로 신혼여행을 갔다. 그들은 남편과 아내로서 가정을 이루고 톈진의 런던선교회에 자리를 잡았다. 두 사람에게는 매우 훌륭하고 멋진 결혼 생활이었다. 하지만 하나님의 계획 속에서 둘만의 시간은 그리 길지 않았다.

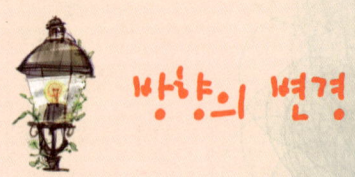
방향의 변경

"축하해요! 딸이에요."
"이름을 뭐라고 지으면 좋을까?"
"패트리샤 마가렛 Patricia Margaret 이라고 지어요."

1935년 7월, 에릭과 플로렌스 사이에 태어난 딸은 가족들과 교회식구들에게 큰 기쁨이었다.

****

하지만 그때 리들 가족은 톈진에서 다른 곳으로 옮겨야 할지도 모르는 상황이었다. 1935년 6월, 런던선교회 지부는 에릭에게 샤오창으로 가서 일을 도와달라고 부탁했다. 샤오창은 에릭이 태어나서 5세까지 살았던 곳이다. 그곳에는 일할 사람이 부족했지만, 에릭이 있던 텐진의 앵글로-차이니즈 학교에는 일할 사람이 많았다. 에릭과 플로렌스는 이 문제를 가지고 함께 의논했다.

"우리가 이곳에 가정을 꾸린 지 얼마 되지 않았어요. 이제 겨우 시작했는걸요." 플로렌스가 말했다.
"맞아, 하지만 하나님께서 우리에게 무엇을 원하실까?"

둘은 이 문제를 놓고 기도했다. 그리고는 샤오창에 가지 않기로 결정했다. 지금 교육을 그만두는 것은 하나님의 뜻이 아니라고 생각했기 때문이다. 그래서 확실한 하나님의 뜻이 있을 때까지 텐진에 머무르기로 했다.

****

이후 1937년 1월에 에릭과 플로렌스는 한 명의 딸을 더 낳았다. 그 아이의 이름은 헤더 진 Heather Jean이었다. 그리고 그해 여름, 에릭은 샤오창으로 지역 선교를 가게 됐다. 이 결정이 힘들었던 이유는 플로렌스와 두 딸이 함께 갈 수 없다는 사실 때문이었다. 하지만 충분히 기도한 후 내린 결정이었다. 에릭은 하나님께서 도움이 필요한 곳에 자신을 부르신다고 느꼈다. 하나님을 믿는 사람에게 이것은 확실한 진리였다. 에릭과 절친이었던 사람이 그에 관해 이렇게 말한 적이 있다.

> 에릭의 비밀은 '하나님의 임재 연습'이었습니다. 그는 많은 시간을 조용한 가운데 보냈습니다. 모든 결정은 하나님께서 그에게 원하시는 일을 기준으로 내려졌습니다.

****

1920-1930년대에 중국에는 2번의 큰 충돌이 일어났다. 이것만으로도 충분히 안 좋은 상황이었다. 그런데 1937년 7월, 중일전쟁이 일어났다. 그 해가 끝나기 몇 주 전, 에릭과 형 로버트는 샤오창에 도착해서 선교 일을 시작했다. 에릭은 지역에 복음을 전하는 일을 맡았고, 로버트는 그곳 병원의 관리를 맡았다.

샤오창은 중국 북쪽 지역, 정확하게는 허베이 남쪽의 중심에 있는 작은 마을이었다. 에릭의 아버지도 35년 전 에릭이 이곳에 태어나던 때에 이 지역에서 일했다.

"여기에 일하러 온 것을 후회하나요?" 한 간호사가 물었다.
"아니오, 저는 이 일에서 이전에 경험했던 어떤 것보다 더 큰 기쁨과 자유를 느껴요."

물론 가족들이 보고 싶었다. 심지어 일은 힘들고 점점 위험해졌다. 하지만 그는 하나님의 도우심으로 다른 사람들의 삶을 변화시켰다. 에릭에 대해 한 동료가 다음처럼 기록을 남겼다.

> 에릭은 교회를 조직적으로 방문하고, 계획을 짜고, 지도를 그리고, 중국인 전도사와 함께 집회를 열었다. 그의 방법은 절대로 복잡하지 않았다. 오히려 간단하고 정확했다. 그는 설교에서 결코 복잡한 이론을 이야기하지 않았다. 대신에 '하나님께서 지배하는 삶'에 대해 이야기를 했다. 샤오창에 있는 전도사들, 간호사들, 학생들, 그리고 많은 사람들이 그의 말에 귀 기울였다.

# 샤오창 지방에서의 경험들

　일본의 침략으로 인해 에릭은 몇 번이나 위험한 상황을 겪었지만, 그때마다 하나님께서 그를 인도해 주셨다. 한번은 일본군에게 총을 맞아 부상을 당한 중국인이 샤오창 선교 병원에서 20마일(약 32킬로미터) 떨어진 사원에 있다는 소식을 들었다. 그를 구하는 것은 매우 위험한 일이었다. 하지만 에릭은 그를 구하러 가기로 했다.

　"우리를 당신의 손수레에 태워 주시겠습니까?" 에릭이 수레꾼에게 물었다.
　"당신이 나와 함께 간다면요." 수레꾼이 두려워하며 대답했다.

****

저녁 즈음에 수레꾼과 에릭은 다친 남자가 있는 사원 근처에 도착했다. 남자가 누워 있는 사원은 그곳에서 100미터 거리에 있었다. 하지만 마을 사람들은 남자를 도와주려 하지 않았다. 왜냐하면 일본군에게 발각되면 그들도 무사하지 못하기 때문이었다. 모든 것이 굉장히 위험한 상황이었다.

일본군은 그들이 있던 곳에서 얼마 떨어지지 않은 가까운 곳에 위치하고 있었다. 에릭은 혼자서 몰래 다친 남자의 상태를 살핀 후 수레꾼이 기다리고 있는 마을로 돌아갔다. 그날 밤, 에릭은 오래된 양털코트를 덮고 자리에 누웠다.

'만약 일본군을 만나면 뭐라고 말해야 할까.' 에릭은 혼자 생각했다. 그리고 성경을 꺼내서 읽었다.

"지극히 작은 것에 충성된 자는 큰 것에도 충성되고 지극히 작은 것에 불의한 자는 큰 것에도 불의하니라" 누가복음 16:10.

하나님께서 그에게 "진실하고 정직하라"고 말씀하시는 것 같았다. 그는 하나님께 이 상황을 맡기기로 하고 잠을 청했다.

****

다음 날 아침, 그들은 다친 남자가 있는 곳으로 향했다. 이른 아침이었지만 아직 일본 군인들이 있을지도 모르는 상황이었다. 어찌할 줄 모르고 있는 상황에서 어떤 남자가 자신의 집으로 에릭과 수레꾼을 안내했다. 알고보니 그는 그들이 안전하게 마을을 지나가게 도와주려고 했던 것이었다. 진정 하나님의 보호하심이었다.

마침내 그들은 무사히 사원에 도착했다. 둘은 남자를 수레에 눕히고 그곳을 급하게 떠났다. 병원으로 돌아오던 중 근처에 또 다른 부상자가 있다는 소식을 들었다. 그들은 즉시 부상자를 데리러 갔다. 그는 더러운 헝겊을 목에 감고 있었는데, 일본군 장교의 칼에 베인 상태였다.

에릭은 작은 손수레에 두 남자를 태우고 병원으로 향했다. 일본군 비행기가 그들 머리 위를 맴돌았다. 그것은 일본 군대가 바로 가까이에 있다는 뜻이었다. 다행히도 그들은 무사히 목적지에 도착했다. 하지만 안타깝게도 처음 사원에서 구한 남자는 죽었고, 목을 다친 남자만 구할 수 있었다. 그는 곧 회복됐고, 시간이 지나 기독교 성도가 됐다.

✦✦✦✦

그해에, 에릭은 교회 일을 하던 중 또 다른 아찔한 경험을 했다.

> 지난주 일요일에 우리는 세례식을 준비하고 있었다. 내가 세례를 받는 것에 대해 설교를 하고 있을 때, 건물 밖에서 갑자기 2개의 폭탄이 굉장한 폭발음을 내며 터졌다. 다시 설교를 이어가기 전까지 얼마간의 침묵이 흘렀다. 우리는 용기를 내기 위해 계속해서 찬송을 불렀다. 일본군의 트럭이 마을로 돌진해서 모든 건물을 뒤졌다. 다행히 어떤 피해도 입지 않았다. 모두들 무사히 집으로 돌아갔지만, 저녁 예배에 참석하기가 무서웠다.
> 그날 저녁에 아편 중독자였던 남자가 교회에 와서 하나님께 감사와 찬양을 드렸다. 그는 누명을 쓰고 체포됐는데, 다행히 무죄를 선고받았다고 했다. 그래서 남자는 곧장 교회로 와서 자신을 구해 주심에 감사를 드린 것이었다. 예배를 함께 할 성도 하나를 얻은 기분이었다.

에릭은 여러 가지 위험한 상황에서도 샤오창 주변의 사람들을 열심히 돌보았다. 그들의 안락한 생활뿐 아니라 영혼도 돌보았다. 그리고 열심히 설교를 했다. 그는 설교를 듣는 사람들에게 하나님을 믿고 따르도록 권했다. 에릭은 중국인 전도사들을 교육하는 일에도 열심이었다. 그는 사람들의 기쁨과 슬픔을 함께 나누었다. 또한 죄로 가득한 삶을 경고하고, 진실한 섬김과 자신의 삶을 통해 하나님을 전했다.

****

에릭은 18개월 동안 현장에서 하나님을 위해 헌신했다. 그리고 1939년, 두 번째 안식년을 맞았다. 그는 6월에 플로렌스와 어린 두 딸과 함께 캐나다를 거쳐 스코틀랜드로 가기 위해 길을 떠났다. 하지만 그해 3월에 독일이 체코슬로바키아를 공격하면서 국제적인 상황이 나빠졌다. 에릭은 안전을 위해 안식년을 캐나다에서만 보내야 할지도 모른다고 생각했다.

이 말은 에릭이 영국에 있는 가족들을 볼 수 없다는 뜻이었다. 결국 에릭은 11월에 플로렌스와 두 딸을 캐나다에 남겨두고 혼자 영국으로 갔다. 위험한 상황이었지만 에릭은 하나님께 모든 여정을 안전하게 지켜 달라고 기도했다.

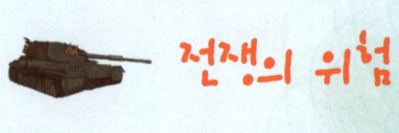
전쟁의 위험

1939년 11월 초, 에릭은 캐나다를 떠나 영국으로 가고 있었다. 그때 영국은 독일에 맞서 전쟁을 선언한 상태였다. 에릭은 중국 선교의 미래만큼이나 불확실한 먹구름이 그의 여정을 뒤덮고 있다는 사실을 알았다. 위험한 상황이었지만, 그는 하나님의 도우심으로 안전하게 고향 땅에 도착했다.

지난 안식년 이후 7년의 세월이 지났음에도 스코틀랜드 사람들은 여전히 에릭을 기억하고 따뜻하게 맞아 주었다. 이후 몇 달 동안 에릭의 일정은 런던선교회와의 약속으로 가득했다. 그는 일본의 위협과 여러 가지 위험에 빠진 중국의 전쟁에 관해 이야기했다. 그리고 하나님의 도우심으로 선교를 계속할 수 있었음을 고백했다.

에릭의 이야기를 들은 한 목사님은 온전하게 사람들을 보살핀 에릭의 섬김에 몹시 감탄했다.

> 나는 에릭의 이야기에서 그의 높은 인기를 실감할 수 있었습니다. 그는 정말 사람들을 잘 돌보았고 깊은 이해심을 가지고 있었습니다.

****

1940년 3월 말에는 플로렌스와 두 딸이 영국으로 왔다. 그리고 에릭과 가족들은 중국으로 돌아가기 전까지 스코틀랜드에서 짧지만 즐거운 시간을 보냈다.

안식년이 끝나고 에릭은 다시 중국으로 돌아가야 했다. 하지만 그곳으로 돌아가는 것은 대단히 위험한 여정이었다. 대서양을 지나가는 배들이 독일 잠수함의 공격을 받는 일이 자주 있었기 때문이다. 하지만 그들은 하나님의 뜻이라면 안전하게 도착할 것이고, 만약 그렇지 않더라도 모든 것이 하나님의 손에 달려 있음을 확신했다.

예상처럼 중국으로 돌아오는 길은 매우 파란만장했다. 에릭의 일기에서 그때 일어난 일들이 잘 나타난다.

> 우리가 탄 배는 승객과 승무원 300명이 탈 수 있는 작은 배였다. 배에는 제법 많은 아이들이 있었는데, 이제 3세인 헤더보다 어려 보이는 아이들도 있었다.
>
> 우리 배는 무리를 지어 항해했고 해군의 호위를 받고 있었다. 50척의 배가 5줄 정도로 열을 맞춰 항해하던 모습은 참으로 장관이었다. 배의 대부분은 화물선이었는데, 승객들이 탄 배들은 대단한 보호를 받으며 무리의 중심 부분에 있었다.
>
> 밤 8시 30분, 우리는 어뢰의 공격을 받았다. 불발하고 띠모(쇠를 꿰뚫는 효과를 높이기 위해 탄환 위에 모자처럼 씌운 단단한 금속)만 폭발한 것인지, 에너지를 다 쓴 것인지, 먼 곳에서 터졌는지, 바로 옆에서 터졌는지 확실하지 않았다. 나는 우리 배가 진짜 어뢰에 맞았다고 생각했는데, 승무원은 어뢰의 띠모 부분만 터진

것 같다고 했다. 경보가 울리지는 않았지만, 모든 배들은 지그재그로 항해를 하기 시작했다.

우리는 다음 날 저녁에 무리의 뒤쪽에서 항해하던 배 하나를 잃어버렸다. 거친 파도가 이는 바다에서 잠수함을 발견하기란 매우 어려운 일이었다. 호위선은 다음 날 떠났다. 그리고 우리는 힘든 하루를 보냈다. 오전 10시경 1/4마일(약 400미터) 정도 떨어진 곳에 있던 작은 배가 어뢰에 맞고 2분 만에 가라앉았다.

우리는 갑판에서 보트를 탈 준비를 했고, 모두가 우왕좌왕했다. 정오 즈음에는 경보가 해제됐고, 우리는 저녁 식사를 시작했다. 첫 번째 접시의 반 정도 먹었을 때, 다시 경보가 울렸다. 또 다른 배가 어뢰에 맞았지만, 다행히 가라앉지는 않았다. 배가 다시 돌아갈지, 아니면 계속 갈지 잘 모르겠다.

이대로 무리 지어 가는 것은 너무 위험했다. 그래서 우리는 각각 흩어져서 북쪽과 남쪽을 향해 전속력으로 항해하기로 했다.

> 그리고 다음 날 아침까지 긴장된 시간을 보냈다. 오후 6시에 무전기를 통해 우리 배에서 200미터 떨어진 곳에서 항해하던 배가 지난 이틀 동안 어뢰를 맞았다는 소식을 들었다. 10분 뒤에는 또 다른 배가 공격당했고, 밤 9시에는 잠수함 하나가 수면으로 올라와 무리에 있던 배 하나와 추격전을 벌이고 있다는 소식을 들었다. 배는 전속력으로 달리고 있었다. 매일 밤 사람들은 옷을 입고 구명 튜브를 준비한 채로 잠이 들었다.
>
> 그 다음 날, 우리는 잠수함이 있는 지역을 벗어났다. 엄청난 속도로 거친 바다를 달리다 보니 사람들이 뱃멀미를 했다. 우리는 잠수함에 금방 따라잡혔다. 호위선은 떠나지 말았어야 했다. 적어도 하루는 더 있어야 했다. 아마 그들은 호위선이 떠나는 것을 보고 좋아했을 것이다.

에릭과 그의 가족이 무사히 중국으로 돌아온 것은 하나님의 보호하심 덕분이었다. 에릭은 어머니에게 쓴 편지에서 이야기를 계속 이어 나갔다.

> 8월 18일 일요일, 옅은 안개가 낀 날씨였어요. 선장은 온종일 함교(선장이 항해 중에 배를 조종·지휘하기 위해 갑판 맨 앞 한가운데에 높게 만든 갑판)에 있었어요. 그래서 아침 식사는 없었어요.
>
> 그날 늦게 제가 목사라는 사실을 들은 어떤 사람이 예배를 인도해 줄 수 있는지 물었어요. 운동복과 수건이 제가 가진 전부였지만, 그들은 상관하지 않았어요. 그래서 우리는 저녁 8시 30분에 일등석 대합실에서 예배를 드렸어요. 우리의 탈출을 감사하는 예배였어요. 그날 밤 우리는 평안한 마음으로 달콤한 잠을 잤어요.

배는 돌아오는 금요일에 캐나다의 한 항구에 도착했다. 밴쿠버를 통해 중국으로 가기 전에 에릭과 가족들은 토론토에서 10일 동안 휴식을 취한 후, 10월 말 톈진에 도착했다. 에릭은 곧 샤오창으로 돌아갔다. 하지만 상황이 점점 더 위험해지자 다시 톈진으로 돌아와야 했다.

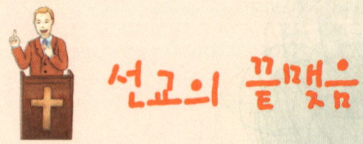# 선교의 끝맺음

에릭이 샤오창으로 돌아왔을 때, 그곳은 군인들이 주둔하는 마을이 됐다. 높은 담이 마을의 남쪽을 둘러싸고 있었는데, 에릭은 당시 상황에 대해 다음처럼 기록을 남겼다.

> 침실 창문을 통해 밖을 보니 마을의 남쪽은 마치 제국의 전초기지 같아 보인다. 지난 며칠간 우리는 다소 우울하고 기운이 없는 남자들이 샤오창의 동쪽을 지나는 도로를 만들기 위해 강제노동을 하러 가는 모습을 봤다.

중국의 시골 사람들과 농민들은 큰 고통을 겪고 있었다. 에릭은 그들을 돕고, 그들에게 사랑과 복음의 소망을 전할 방법을 고민했다. 에릭은 항상 예배와 기도를 인도하고 무리를 돌보며 그가 할 수 있는 일을 했다.

에릭이 마주하고 있던 여러 가지 상황들은 그가 쓴 편지에 잘 드러난다. 결혼식이 있던 주에 일어난 일이다.

> 나는 예배를 드리고 사람들과 이야기를 나누느라 일요일까지 머물렀다. 나는 그날 돌아가야 했지만 기다리던 마차가 해 질 녘까지 도착하지 않았다. 중국 공산당이 모든 마차를 움직이지 못하게 막았기 때문이다. 돌아가는 길에 적군이 우리를 중국 공산당으로 오해하고 두 발의 총을 쐈다. 우리는 자전거에서 내려 오해가 풀릴 때까지 가만히 있었다. 한참이 지난 후에야 우리는 계속 길을 갈 수 있었다.

상황은 더 나빠졌다. 1941년 2월에 일본군은 병원과 외국인 숙소를 닫고, 부동산을 봉쇄하고, 건물들의 열쇠를 모두

빼앗았다. 샤오창에 있는 외국인 거류지 또한 폐쇄되어 선교사들도 선교 일을 그만둘 수밖에 없었다. 하지만 에릭은 이 안에 아직 하나님의 목적이 있음을 믿었다. 또한 샤오창에서의 선교 일, 하나님의 일꾼들의 기도, 그리고 복음이 열매 맺게 될 것을 믿었다. 2월 18일에 모든 사람들이 톈진으로 돌아간 후, 런던으로 무사함을 알리는 전보를 보냈다.

****

하지만 톈진의 상황 역시 좋지 않았다. 곧 모든 외국인 선교사들이 일본군에게 붙잡혀 꼼짝 못 하게 될 것이 확실했다.

"잘 들어, 플로렌스." 에릭이 말했다.
"상황이 점점 나빠질 거야. 내 생각에는 당신과 아이들이 캐나다로 돌아가는 게 최선일 것 같아. 당신은 곧 아기를 낳아야 하니까. 여기서 당신에게 무슨 일이 일어나는 것은 싫어. 이 일이 끝나면 나도 그곳으로 갈게, 하나님의 뜻이라면."

그해 6월, 플로렌스와 아이들은 태평양을 건너는 배를 타기 위해 일본으로 떠났다. 가족은 배를 타기 전까지 4일의 시간을 함께 보냈다. 에릭은 떠나는 가족들의 안전을 위해 기도를 하고, 입맞춤과 포옹을 해 주었다. 그들은 하나님의 뜻 안에서 다시 만날 것을 기대했다. 그렇지만 하나님의 뜻은 다른 방향으로 흘렀다. 이것이 플로렌스, 패트리샤, 헤더가 이 세상에서 에릭을 본 마지막 순간이었다.

****

1941년 9월 17일, 플로렌스와 에릭 사이에 또 한 명의 딸이 태어났다. 셋째 딸 낸시 모린Nancy Maureen은 토론토에서 태어났다. 이 소식을 들었을 때 에릭은 정말 행복했다. 위험하고 불안한 상황에서도 그의 마음에는 기쁨이 있었다.

에릭은 상황이 허락하는 한 하나님의 복음을 전하기 위해 톈진으로 돌아왔다. 처음에는 톈진 앵글로-차이니즈 학교에서 오랫동안 함께 일한 동료와 같이 지냈다. 만족스러운 조치였다. 일본군에 의해 학교가 문을 닫기 전까지는 말이다.

****

1941년 12월, 일본이 진주만을 폭격했다. 이로써 미국도 전쟁에 뛰어들게 됐다. 결과적으로 일본이 지배하는 중국에

사는 외국인들에게는 매우 힘든 상황이 됐다. 이 기간에 에릭 또한 할 수 있는 일이 매우 제한됐다. 이제 서양인들이 일본군의 포로가 되는 것은 시간문제였다. 그리고 1943년 3월, 이 일은 정말로 현실이 됐다.

그때까지 에릭은 바쁜 나날을 보내고 있었다. 에릭이 종종 예배를 드리고 여러 가지 일을 도왔던 연합교회는 아직 선교 일을 하고 있었다. 에릭 또한 도움이 필요한 사람들을 돕는 데 매우 열심이었다. 당시에 텐진에 있는 선교단체들은 어려운 상황에서 서로 돕고 의지했다.

에릭에게 중요한 것은 아침 기도 시간, 하나님과 마음을 나누는 것, 모든 상황에서 최선을 다해 훈련하는 것이었다. 에릭은 다른 무엇보다도 연합교회를 위한 책 『매일 기도 Prayers for Daily Use』를 쓰는 일에 전념했다. 모든 기독교인들이 자신의 삶 속에서 느끼는 것들과 감사한 것들을 고백하도록 돕기 위한 책이었다. 그가 쓴 또 다른 책, 『하나님을 아는 열쇠 The Key to Knowing God』의 한 부분을 살펴보겠다. 이 책에서 에릭은 순종에 대해 말하고 있다.

하나님을 알고 하나님의 평화와 확신을 갖기 위해 가장 중요한 한 가지는 '순종'입니다. 하나님의 뜻에 '순종' 하는 것이 영적인 지식과 통찰력의 비밀입니다. "사람이 하나님의 뜻을 행하려 하면 이 교훈이 하나님께로부터 왔는지 내가 스스로 말함인지 알리라" 요한복음 7:17.

하나님께서 당신을 개별적으로 인도하심을 알고 있는 것이 순종의 비밀입니다. 모든 기독교인은 하나님께서 인도하시는 삶을 살아야 합니다. 당신의 삶 속에 하나님의 인도하심이 없다면, 중요한 것을 놓치고 있는 것입니다.

하나님의 뜻에 순종하는 것이 예수님께는 몸과 마음과 영혼을 새롭게 하는 음식과도 같았습니다. 만약 우리가 우리의 삶 속에서 하나님의 뜻에 순종한다면, 우리는 모두 같은 경험을 할 수 있습니다. 기도와 묵상 시간에 오직 하나님만 알며 순종하겠다고 약속하십시오. 이에 대한 위대한 진실이 찬송가 449장 「예수 따라가며」에 잘 나타나 있습니다.

> "예수 따라가며 복음 순종하면 우리 행할 길 환하겠네
> 주를 의지하며 순종하는 자를 주가 늘 함께 하시리라
> 의지하고 순종하는 길은 예수 안에 즐겁고 복된 길이로다"

또한 에릭은 『기독교인의 제자훈련을 위한 지침서』 A Manual of Christian Discipleship라는 책을 썼다. 이 책은 나중에 영국과 미국에서 『그리스도 제자의 삶』 The Disciplines of the Christian Life이라는 제목으로 출판됐다. 에릭은 책을 쓴 목적을 이렇게 설명했다.

> 이 책에서 나는 3가지의 일을 하려고 합니다.
> 1. 모든 기독교인이 가져야 하는 최소한의 신앙적 지식을 갖게 하려고 합니다.
> 2. 일상생활에 지식을 적용하고, 각자 가지고 있는 빛을 따라 살도록 도우려고 합니다.
> 3. 전도, 행동, 관점, 자세에 있어서 신앙적인 생각을 하여 경건한 삶을 살게 하려고 합니다.

> 기독교인의 삶은 성장하는 삶이어야 합니다. 나는 성장의 비밀이 경건한 삶을 살도록 노력하는 것이라고 믿습니다. 이 책이 매일 기도와 성경 공부를 위한 시간을 갖도록 도울 것입니다.

1943년 3월 12일, 톈진에 있는 모든 외국인들은 일본군에 의해 산둥 지방의 웨이신에 있는 시민회장으로 쫓겨났다. 에릭은 3월 30일에 떠나는 마지막 그룹이었다. 그들은 기차를 타고 톈진에서 남동쪽으로 약 400마일(약 644킬로미터) 떨어진 곳으로 이동했다. 그곳은 전쟁포로가 아닌 일반 시민들을 수용하기 위한 장소였다. 그렇다고 해도 제한적인 배급과 비좁은 시설 등으로 굉장히 불편한 환경이었다.

하지만 감사하게도 억류된 사람들 중 많은 수가 기독교인이었다. 이들의 기도가 절망적인 상황에서도 믿음을 지킬 수 있도록 해 줄 것이다. 에릭과 다른 기독교인들은 이런 상황이 기독교인의 믿음과 소망의 힘을 보여 줄 기회임을 잘 알고 있었다.

억류

에릭과 억류된 사람들은 텐진에서 웨이신까지 기차로 이동했다. 본토 중국인들과 외국인 선교사들이 고생해서 일군 기독교 선교가 중단됐다. 그뿐만 아니라 억류된 사람들은 언제 다시 가족들을 만날지 알 수 없었다.

****

수용소는 미국 장로교회의 선교 본부였는데 현재 일본군이 사용하고 있었다. 그곳은 아담하고 철저히 고립된 장소였다. 한마디로 억류된 사람들을 수용하기에 좋은 곳이었다. 철조망, 조명, 감시탑 등이 있는 담장으로 둘러싸여 있어서 비교

적 쉽게 사람들을 통제할 수 있었다. 수용소 안에는 숙소, 학교, 운동장, 식당, 병원 등의 시설이 모두 갖추어져 있었다. 하지만 많은 사람들이 억류되어 있었기 때문에 편안한 생활을 하기는 어려웠다. 어느 추운 3월의 아침, 마지막 그룹이 도착하자 수용된 인원은 1,800명 가까이 됐다. 수용소에는 400개의 방이 있었는데, 가장 좋은 숙소는 일본군이 사용했다. 사실상 억류된 사람들이 쓸 수 있는 공간은 매우 좁았다.

****

억류된 사람들 중에 기독교인들이 많다는 점은 하나님의 큰 축복이었다. 그들 중에는 중국 내륙 선교회의 창설자인 허드슨 테일러 Hudson Taylor의 아들 허버트 허드슨 테일러 Herbert Hudson Taylor라는 나이 든 선교사가 있었다. 그때 허버트의 나이는 80대 초반이었다. 그는 아들 윌리엄 테일러 William Taylor와 아들의 아내와 4명의 자녀들과 함께였다.

그곳에는 존 파커 John Parker 목사도 억류되어 있었다. 에릭이 수용소에 도착했을 때 그의 나이는 82세였다. 파커 목사는 에릭의 아버지가 몽골에서 선교 일을 했던 곳의 전임자였다. 슬프게도 그는 1944년 6월에 수용소 안에서 죽음을 맞았다.

숙소는 결혼하지 않은 사람과 가족이 없는 사람들이 같은 숙소를 사용하고, 결혼한 부부와 자녀들은 독립된 방을 썼다. 처음에 에릭은 런던선교회 동료인 에드윈 데이비스 목사Edwin Davies와 조 맥채스니-클락Joe McChesney-Clark이라는 호주 목사와 함께 사용했다. 수용소에 있는 동안 에릭과 한방을 썼던 사람의 아내가, 남편에게 들었던 에릭에 대한 인상을 전해 주었다.

> 에릭은 매일 아침 6시에 자리에서 일어났다. 그리고 작은 중국식 탁상에 성경책과 공책만 비출 정도의 작은 불을 켜고 다른 동료와 함께 모여 앉았다. 그들은 조용히 성경을 읽고 기도했다.
> 에릭은 일정한 시간에만 기도하는 사람이 아니었다. 그는 항상 자연스럽게 하나님께 이야기하듯 기도했다. 그의 인생은 하나님과 믿음 그리고 신앙에 기초한 삶이었다.

처음 수용소에는 아주 기본적인 것밖에 없었다. 위생도 매우 안 좋았다. 하지만 시간이 갈수록 억류된 사람들의 노력으

로 상황이 조금씩 나아졌다. 그들은 수용소의 체계를 잡는 데 굉장한 노력을 쏟아부었다. 새로운 '부서'들을 만들고 각각 위원회와 지도자를 세웠다. 모두 9개의 부서가 만들어졌고, 여성들로 구성된 기독교 제자 교회와 가정위원회가 세워졌다.

1. 규율부서
2. 교육, 오락과 운동부서
3. 채용부서
4. 기계와 수리부서
5. 재정부서
6. 총무부서
7. 의료부서
8. 숙소와 시설부서
9. 보급부서

그들이 수용소 생활에서 중요하게 생각한 것 중에 한 가지는, 가능한 한 평범한 삶을 살도록 힘쓰는 것이었다. 그래서 일하고, 학교에 가고, 오락을 하고, 운동을 하는 등의 평범한 생활을 하려고 노력했다.

  감사하게도 수용소에 있는 많은 목회자들과 선교사들에 의해 영적인 면을 잘 돌볼 수 있었다. 예배를 드리고, 기도 모임을 만들고, 성경 공부도 했다. 주일마다 2번의 예배가 연합교회에서 있었다. 하나는 11시에, 다른 하나는 5시에 있었고, 두 예배 사이에 주일학교가 열렸다.

  또 한 가지 수용소 생활에서 중요하게 생각한 것은 교육이었다. 교육은 아이들뿐만 아니라 어른들을 대상으로도 했다. 오락이나 운동은 물론 종교적인 활동도 매우 중요하게 여겼다. 금요일과 토요일은 음악회가 열렸다. 클래식, 오라토리오(작은 규모의 오페라로 성경 내용을 노래함) 등의 음악 관련 공연이 열렸다. 또한 퀴즈의 밤, 어린이 콘서트, 연극 등을 하거나 보이스카우트, 걸스카우트 등을 운영했다.

  에릭은 수용소의 모든 분야에서 일했다. 주일에는 예배나 기도 모임을 인도하고 성경을 가르쳤고, 평일에는 수학과 과학 선생님, 운동 코치로 활동했다. 또한 관리자로서 사람들의 문제를 해결하거나 필요한 것을 도와주는 일, 훈련을 받게 하고 사기를 높여 주는 일, 매일 아침저녁으로 하는 점호에 모두 나오도록 하는 일 등을 했다.

특히 에릭은 청소년들에게 관심이 많았다. 그리고 수용소에 있는 젊은 사람들에게 인기가 좋았다.

물론 그에게 주어진 상황은 쉽지 않았다. 하지만 에릭은 굳은 신념과 하나님을 의지함으로 모든 일을 해냈다. 그의 헌신은 전쟁의 영향을 받은 모든 젊은이들에게 깊은 인상을 주었다. 후에 선교사가 된 수용소의 한 청년은 1944년에 열렸던 체육대회에 대해 이런 이야기를 남겼다.

> 운동장에서 열리는 체육대회는 단조로운 수용소 생활에 반짝이는 한 줄기 빛이었다. 노련한 달리기 선수가 뛸 준비를 하자 관중들은 쥐 죽은 듯이 조용해졌다. 우리의 눈은 스스로 다른 선수들보다 뒤에서 출발하는 사람에게로 향했다.
>
> "저 사람은 절대 저 거리에서 이길 수 없을 거야!" 한 소년이 말했다. "그는 할 수 있어! 그가 이길 거야, 지켜봐!" 나는 조용히 속삭였다.
>
> 출발 신호가 떨어지자 모두 일제히 뛰기 시작했다. 수

> 용소의 혹독한 생활과 형편없는 음식에 몸이 약해진 중년의 선수들은 우리의 응원에 부응하기 위해 가쁜 숨을 몰아쉬며 달렸다. 그리고 믿을 수 없게도 뒤쪽에서 달리던 선수 하나가 앞으로 치고 나왔다. 그는 팔을 넓게 흔들고 고개를 뒤로 젖힌 채 달렸다. 그리고 끝내 결승선을 먼저 끊었다.
> 그가 해냈다! 우리는 우리의 영웅을 둘러싼 채 환호하고 노래하고 시끄럽게 떠들며 올림픽대회와 동일한 기쁨을 누렸다.

에릭은 달리기 외에도 모든 운동 경기를 진행했다. 그는 미국인들을 위해 야구경기를 열기도 했다. 그들은 일요일에 경기를 열기 원했지만 에릭은 신념을 지켰다. 따라서 일요일에는 정식 경기가 열리지 않았다. 어떤 상황에서도 그의 오래된 신념은 변하지 않고 굳건했다. 이를 반대하는 사람들을 포함해 모두가 그의 신념을 높이 평가했다.

 후반부(결승선까지 마지막 직선 구간)

에릭은 수용소에서 인기가 좋았고, 사람들에게 두루 큰 사랑을 받았다. 수용소에서 함께 생활했던 사람 중 한 명이 에릭을 처음 만났을 때를 떠올리며 이런 기록을 남겼다.

> 에릭은 그는 내가 수용소에서 본 것 중에 가장 우스꽝스러운 옷을 입고 다녔다. 나중에 안 사실인데 그 옷은 리들 부인의 커튼으로 만든 것이었다. 그 모습은 정말 인상적이었다. 그는 유명한 달리기 선수 같아 보이지 않았고, 그 역시 그렇게 보이려고 행동하지 않았다.

> 그는 지금까지 내가 만나 본 사람 중에 가장 겸손한 사람이다.

에릭은 젊은 사람들에게도 큰 인상을 남겼다. 그들 중 한 명이 이런 기록을 남겼다.

> 나의 인생에 깊은 인상을 남긴 2명의 남자가 있다. 한 사람은 나의 아버지로 54세에 중국에서 돌아가셨고, 다른 한 사람은 44세에 죽은 에릭 리들이다. 두 사람 모두 죽기까지 하나님께 믿음을 지킨 분들이다. 그분들은 또한 최고의 겸손, 희생, 헌신의 본을 보이셨다. 나는 그분들을 부끄럽게 하지 않고, 그들의 발자취를 따르기를 소망한다.

에릭에게 수용소의 환경은 문제가 되지 않았다. 그는 사람들의 걱정거리를 해결하거나, 적십자 소포를 나누거나, 나이 들고 아픈 사람들을 대신해 물건을 옮겨 주려고 노력했다. 그는 복음이 주는 것이 무엇인지 사람들에게 알려 주려고 했다.

"내가 궁핍하므로 말하는 것이 아니니라 어떠한 형편에든지 나는 자족하기를 배웠노니 나는 비천에 처할 줄도 알고 풍부에 처할 줄도 알아 모든 일 곧 배부름과 배고픔과 풍부와 궁핍에도 처할 줄 아는 일체의 비결을 배웠노라 내게 능력 주시는 자 안에서 내가 모든 것을 할 수 있느니라" 빌립보서 4:11-13는 말씀은 수용소에서 에릭의 모습을 잘 나타내 준다.

✦✦✦✦

에릭은 사랑하는 아내와 가족들에게 자주 편지를 썼다. 수용소에서는 작은 쪽지에 100단어 정도만 쓸 수 있었다.

> 살은 빠지지 않았고 건강도 좋아. 걱정하지 마. 좋으신 하나님.

****

 1944년 후반기에 수용소의 상황은 더 나빠졌다. 에릭은 어려운 환경 속에서 과중한 일들을 맡으면서 점점 병이 들어가기 시작했다. 하지만 겉으로는 괜찮아 보였다. 그 누구도 그가 심각한 병으로 고통받고 있다고 생각하지 않았다. 하지만 그해 가을, 에릭의 건강은 눈에 띄게 나빠졌다. 에든버러에 계신 에릭의 어머니가 돌아가신 때도 이때 즈음이었다. 에릭이 이 사실을 모르는 게 나았다.

 1945년, 에릭은 두통을 호소했다. 그는 눈에 붕대를 감고 조용히 누워 있었다. 그의 상태는 심각했다. 하지만 수용소에는 적당한 의료 시설이 없어 병세가 더욱 나빠졌고, 결국 병원에 입원하게 됐다. 1945년 2월, 에릭은 가벼운 뇌졸중 증세를 보였다. 한두 명의 면회가 허락됐고, 그들은 변함없이 에릭을 응원했다. 에릭은 가족들이 보고 싶었다. 심지어 그는 막내딸 모린을 한 번도 보지 못했다. 시간이 지나자 에릭의 상태가 조금 좋아지는 듯했다.

 하지만 뭔가 대단히 잘못된 것이 확실했다. 그는 점점 마르고 아파 보였다. 의사는 어쩌면 그가 신경쇠약일지도 모른다고 생각했다. 그러나 휴식을 취해도 에릭의 상태는 좋아지지 않았다. 의사는 뇌종양을 의심했다.

병원 부엌에서 일하던 에릭 동료의 부인이 물었다.
"플로렌스에게 소식 있었어요?"
에릭은 부인에게 새로운 소식을 말해 주었다. 그녀는 그가 힘없이 느리게 말한다고 생각했다.
"좀 더 쉬어야 할 것 같아요."
"아니요." 에릭이 말했다. "저는 다시 걸어야만 해요."

하지만 1945년 2월 21일, 하나님께서는 에릭을 하늘나라로 데려가셨다. 그날 에릭은 아내에게 쓴 마지막 편지를 부쳤다.

> 나는 그동안 너무 많은 책임을 지고 있었어. 병원에 있는 한 달간 몸이 훨씬 좋아졌어. 의사 선생님은 다른 일을 하는 게 어떻겠냐고 하셨어. 가르치는 일과 운동 담당을 그만두고 빵 굽기 같은 일을 맡으라고 … 좋은 생각인 것 같아. 계속해서 새로운 소식이 있으면 전해 줘. 특별히 당신과 아이들에게 사랑을 보낼게.

그날 에릭의 동료 애니 버컨Annie Buchan이 그의 마지막을 지켰다. 애니는 에릭이 샤오창에서 선교 일을 할 때 병원 수간호사로 일했다. 그녀는 후에 D. P.에게 편지를 썼다.

> 나는 에릭이 죽음을 맞이할 때 그와 함께 있었어요. 그가 나에게 한 마지막 말은 '애니, 항복이야' 였어요. 그러고 나서 그는 혼수상태에 빠졌고, 그날 밤 9시 30분경에 평화롭게 하늘나라로 갔어요.

'평화롭게 하늘나라로 갔다.' 이것은 기독교인이 죽음을 맞이하는 가장 멋진 방법이었다.

****

에릭이 아파서 병원의 침대에 누워 있던 마지막 몇 주간 구세군 밴드가 환자들에게 힘을 주기 위해 다양한 찬송가를 연주했다. 그중 「내 영혼아 잠잠하라」는 찬송이 불려졌다. 이 찬송가는 핀란디아 송가에 가사만 바꾼 것으로, 에릭이 죽은 다음 갈 곳에 대해 어떻게 생각하며 살았을지 잘 보여 준다.

특히 찬송가의 3절, 그 부분이 그렇다.

> "내 영혼아 잠잠하라 우리가 주님과 영원히
> 함께 할 시간이 서둘러 오리니
> 그 때엔 낙담과 고통과 두려움이 물러가고
> 슬픔은 잊혀지며 사랑의 순전한 기쁨이 회복될 것이로다
> 내 영혼아 잠잠하라 변화와 눈물이 지나간 후
> 안전함과 축복 속에서 우리는 마지막 날 만날 것이로다"

에릭은 이것을 진실로 믿었으며, 그를 위한 예수님의 약속이 지켜질 것을 믿었다. 그리고 "지금 이후로 주 안에서 죽는 자들은 복이 있도다 하시매 성령이 이르시되 그러하다 그들이 수고를 그치고 쉬리니 이는 그들의 행한 일이 따름이라 하시더라" 요한계시록 14:13는 말씀이 그 믿음을 굳건하게 해 주었다.

두려워하지 말라 내가 너와 함께 함이라
놀라지 말라 나는 네 하나님이 됨이라
내가 너를 굳세게 하리라 참으로 너를 도와 주리라
참으로 나의 의로운 오른손으로 너를 붙들리라

이사야 41:10

달콤한 슬픔

에릭이 죽었다는 소식은 수용소 안에 불이 번지듯 빠르게 퍼져 나갔다. 모두가 받아들이기 힘들어했다.

하지만 기독교인들은 소망 없는 사람들처럼 슬퍼하지 않았다. 기독교인은 주님에 대해 신실한 믿음을 가지고 죽은 자들의 영혼은 하나님께로 간다고 믿기 때문이다. 하지만 사람들은 오랫동안 그를 기억하고 그리워할 것이다.

****

에릭이 죽은 다음 날 아침에 부검이 시행됐다. 그 결과, 에릭이 뇌 왼쪽에 생긴 종양으로 고통받았음을 알게 됐다. 치명적인 뇌출혈이 그가 쓰러지게 된 원인이었다.

에릭이 죽고 3일 뒤에 장례 예배가 있었다. 굉장히 많은 사람들이 강당 주변으로 몰려들었다. 모든 순서는 런던선교회의 나이 많은 선교사 아널드 브라이슨 Arnold Bryson 목사가 진행했다. 브라이슨 목사가 한 말 중에 이런 내용이 있었다.

> 어제 한 남자가 제게 말했습니다. '에릭 리들은 내가 알던 모든 사람들 중에 자신의 인격과 삶에 예수 그리스도의 정신을 가장 잘 드러낸 사람이었어요.' 하나님께 드려진 그의 삶과 폭넓은 영향력의 비밀은 무엇일까요? 바로 하나님의 뜻에 대한 절대적인 순종입니다. 그의 삶은 하나님이 이끄시는 삶이었습니다. 그는 사람들에게 참된 종교의 진실과 힘을 보게 할 목적을 가지고 주인 되신 하나님을 따랐습니다. 사도 바울이 말한 것처럼 에릭은 "이제는 내가 사는 것이 아니요 오직 내 안에 그리스도께서 사시는 것이라" 갈라디아서 2:20고 고백하는 삶을 살았습니다.

****

예배가 끝난 후 에릭은 수용소에서 죽은 다른 사람들 근처에 묻혔다. 무덤은 검은 구두약으로 이름이 쓰인 간단한 십자가로 표시됐다.

추도식은 3월 3일에 수용소에서 열렸다. 이 추도식은 에릭이 톈진의 앵글로-차이니즈 학교에 있을 때 함께 했던 동료 컬런Cullen이 인도했다. 몇몇 사람들이 에릭의 삶에 대해 한마디씩 했다.

에릭에게 보내진 가장 감동적인 추도사 중 하나는 억류됐던 사람의 일기장에서 나왔다. 다음은 일기장의 주인이 에릭의 장례식 날에 쓴 글이다.

> 그는 특별히 똑똑하지도 않고 뚜렷한 능력도 없었지만, 좋은 사람이었습니다. 그는 본래 내성적이고 자기만의 세상에 살았지만, 자신을 아낌없이 내어 주었습니다. 그의 내성적인 성격이 다른 사람들과 어울리는 데 걸림돌이 되지는 않았습니다. 하지만 그는 자신의 필요와 괴로움을 드러내기를 주저했습니다. 그래서 그가 많은 역

> 할을 감당하고 있을 때, 단 몇 사람만이 그의 짐을 덜어 줄 수 있었습니다.
> 그는 훌륭한 지도자나 탁월한 사상가는 아니었지만 무엇을 해야 할지 알고 있었고, 그렇게 했습니다. 또한 그는 하나님의 참된 제자였습니다. 우리는 최고의 지도자를 잃었지만, 향기로운 기억을 얻었습니다.

에릭은 진실한 기독교 신앙인이었다. 모든 참된 신앙인들이 그렇듯 그도 자신의 한계와 싸워야 했다. 그리고 그는 하나님께서 주신 능력과 기회로 승리를 얻었다. 에릭은 하나님을 믿는 모든 사람들에게 앞으로도 좋은 본보기로 남을 것이다.

1945년 5월 2일이 되어서야 에릭이 죽었다는 소식이 토론토에 있는 가족들에게 전달됐다. 에릭의 아내 플로렌스와 딸들은 이루 말할 수 없는 충격을 받았다. 그들은 도저히 에릭의 죽음을 받아들이기가 어려웠다. 하지만 플로렌스는 에릭과 행복한 시간을 보내고 즐거운 결혼 생활을 했던 것에 대해 하나님께 감사를 드렸다. 그리고 모든 것에 합당하신 하나님의 뜻에 자신을 맡기기로 했다.

내가 그리스도와 함께 십자가에 못 박혔나니
그런즉 이제는 내가 사는 것이 아니요
오직 내 안에 그리스도께서 사시는 것이라
이제 내가 육체 가운데 사는 것은
나를 사랑하사 나를 위하여 자기 자신을 버리신
하나님의 아들을 믿는 믿음 안에서 사는 것이라

갈라디아서 2:20

형편없는 결과?

그런데 왜 이렇게 훌륭한 사람의 전성기가 갑자기 끝나야만 했을까? 이에 대답하기란 쉽지 않다.

사도 바울도 딜레마에 빠졌었지만, "이는 내게 사는 것이 그리스도니 죽는 것도 유익함이라"_{빌립보서 1:21}고 말했다. 바울의 말처럼 에릭도 "차라리 세상을 떠나서 그리스도와 함께 있는 것이 훨씬 더 좋은 일이라"_{빌립보서 1:23}는 사실을 알고 있었다.

가장 바른 대답은 '하나님의 선한 목적 안에서 하나님을 기쁘시게 하고, 또 하나님을 사랑하는 자 곧 그의 뜻대로 부르심을 입은 자들에게는 모든 것이 합력하여 선을 이룬다'_{로마서 8:28}는 것이다.

****

　1945년 8월 17일, 미국군이 진입했고 웨이신 수용소는 해방됐다. 에릭이 세상을 떠난 지 불과 몇 개월 후에 일어난 일이었다.

　선교사들은 그들의 선교 일을 다시 시작하려고 여러 가지 방법을 동원했다. 하지만 그 시도는 오래가지 못했다. 중국은 곧 기독교 선교에 깊은 영향을 준 또 다른 혁명을 맞이했다. 전쟁 후 국민당과 공산당 사이의 권력 다툼이 계속되다가 결국 마오쩌둥을 앞세운 공산당의 세력이 커졌다. 1949년, 마오쩌둥이 권력을 잡자 모든 기독교 선교가 중단됐다. 외국인 선교사들은 나라 밖으로 내쫓겼다.

****

　이런 상황들은 겉으로 볼 때 형편없는 결과로 보였다. 많은 선교가 중국에서 시행됐지만 지금은 끝이 났다. 20세기에 들어서 성경의 권위를 내세운 서부 교회들이 떠나면서 개신교 선교는 약해졌다.

✲✲✲✲

하지만 1949년 이후에 정부의 반대에도 불구하고 윌리엄 차머즈 번스William Chalmers Burns, 제임스 길모어James Gilmour 등과 같은 개척 선교사들이 중국으로 갔다. 이들이 전파한 복음들이 언젠가는 열매를 맺을 것이다. 우리는 그들이 한 일이 "주 안에서 헛되지 않은 줄" 고린도전서 15:58로 믿는다.

✲✲✲✲

이에 대해 훌륭한 증거가 있다. 2008년 베이징에서 올림픽대회가 열렸을 때, 중국에서 태어나고 선교를 한 올림픽 챔피언 에릭 리들의 이야기가 중국인과 세계인들에게 큰 관심을 받았다. 이는 중국 역사에 끼친 기독교의 좋은 영향을 준 좋은 증거가 됐다. 그의 헌신이 주 안에서 헛되지 않고 큰 복음으로 자라난 것이다.

이를 계기로 오늘날 중국에는 5,500만 명에 달하는 선교사들이 복음을 전파하고 있으며, 상상할 수 없는 규모로 기독교인들이 늘어나고 있다.

****

1949년 이전 시대에 중국 사람들에게 에릭은 '영웅'이었다. 저자가 쓴 에릭의 전기 『위대한 달리기 선수, 에릭 리들』 Running the Race가 정부 관계자들과 검열관들의 허가를 받아 2008년에 중국에서 중국어 간체자로 번역되어 출판된 것은 큰 영광이었다. 이는 위대한 땅에서 행해진 모든 선교 일에 하나님을 위한 열매가 맺혔다는 사실을 보여 준다.

"이는 비와 눈이 하늘로부터 내려서 그리로 되돌아가지 아니하고 땅을 적셔서 소출이 나게 하며 싹이 나게 하여 파종하는 자에게는 종자를 주며 먹는 자에게는 양식을 줌과 같이 내 입에서 나가는 말도 이와 같이 헛되이 내게로 되돌아오지 아니하고 나의 기뻐하는 뜻을 이루며 내가 보낸 일에 형통함이니라" 이사야 55:10-11.

이 말씀처럼 에릭의 삶은 열매 맺는 신앙인의 좋은 예가 됐다.

 ## 모두에게 기억되는 삶

에릭 리들의 삶은 어떤 부분에서는 아주 특별한 삶이었다. 그리고 동시에 많은 부분에서 평범한 삶이었다. 그는 살아 있을 때도 죽은 다음에도 많은 사람들에게 감동을 주었다. 그리고 그는 여전히 많은 사람들에게 지금까지 기억되고 있다.

****

스코틀랜드 출신 운동선수들의 명예의 전당을 만들어야 한다는 의견이 나왔을 때, 처음에 누가 들어가면 좋을지에 대해 여론조사를 했다. 조사 결과, 당연히 1위는 에릭 리들이었다. 그가 죽은 지 65년이 넘었고, 올림픽에서 우승한 지는 거의

80년이 지났다. 하지만 그는 여전히 스코틀랜드에서 가장 위대한 운동선수로 기억되고 있다. 그는 2002년 11월 30일 명예의 전당에 이름을 올렸다.

****

2009년, 스코틀랜드 방송에 '가장 위대한 스코틀랜드인'이라는 제목의 프로그램이 만들어졌다. 전문가들로 구성된 자문단에 의해 몇 명의 후보가 뽑혔다. 뽑힌 이름들 중에 에릭 리들도 있었다. 아쉽게도 그는 최종적으로 '위대한 스코틀랜드인'으로 뽑히지는 못했다. 아마 에릭이 그런 프로그램에 자신의 이름이 검토되는 것을 알았다면, 분명 좋아하지 않았을 것이다. 하지만 이 일은 그가 죽은 지 오랜 시간이 지난 후에도 얼마나 높이 평가됐는지를 보여 주었다.

****

최근까지도 에릭이 모두에게 기억되고 있음을 보여 주는 증거로 영화 『불의 전차』를 꼽을 수 있다. 이 영화는 1981년도 오스카 시상식에서 최우수 작품상을 받았다.
1970년대 후반에 유명한 영화 제작자 데이비드 퍼트남David

Puttnam은 몸이 좋이 않아 친구의 집에서 건강을 회복하고 있었다. 그러던 어느날 그는 올림픽대회 역사를 기록한 책의 복사본을 우연히 보게 됐다. 그 책에는 1924년 파리에서 열린 올림픽대회에서 우승한 영국 운동선수들에 대해 적혀 있었다. 퍼트남은 그들의 이야기에서 사회적인 문제, 운동과 영웅주의에 관심을 일으킬 좋은 영화의 가능성을 엿보았다.

이 영화는 커다란 인기를 얻었다. 에릭이 살아 있었다면 그는 사람들의 이런 관심에 놀랐을 것이다. 그의 아내와 딸들 그리고 다른 가족들도 마찬가지였다. 그들은 사람들이 에릭의 삶에 관심을 보일 것이라고 전혀 예상하지 못했다.

무엇보다도 영화는 사람들의 마음속에 에릭 리들에 대한 기억을 확실하게 심어 주었다. 그리고 그의 믿음, 겸손함, 스포츠맨 정신, 의지 등을 기억하게 해 줬다. 특히 그는 조용히 신념을 지키고 훌륭한 마음을 가진 굳건한 기독교인으로 사람들의 마음속에 새겨졌다.

****

1945년에 그의 죽음이 전해진 후, 그를 기리기 위한 무언가를 만들자는 의견이 나왔다. 에릭의 좋은 친구이자 멘토인

D. P.는 그가 사람들에게 계속 기억되도록 짧은 전기를 출판하고, '에릭 리들 기금'을 만드는 일을 도왔다. 기금의 목적은 4가지였다.

> 1. 에릭 리들의 딸들을 교육하고 양육하는 데 필요한 일정량의 돈을 제공하기 위해
> 2. 에든버러 대학교에 선교 장학금을 기부하기 위해
> 3. 스코틀랜드 아마추어 육상 챌린지 컵 대회를 만들기 위해
> 4. 북중국에 기념비를 세우기 위한 1만 파운드 상당의 후원금을 모으기 위해

최종적으로 얼마의 기금이 모일지는 알 수 없었다. 하지만 에릭의 딸들을 교육하고 매년 스코틀랜드 학교 육상 협회 선수권대회에서 우승하는 선수에게 줄 에릭 리들 컵을 만드는 일만은 꼭 이뤄지기를 바랐다. 이 밖에 D. P.는 기금으로 에릭이 중국으로 선교를 떠난 후의 삶을 40페이지의 소책자로 출판했다. 이 책은 1940년대 후반에 베스트셀러가 됐다.

****

 1991년 6월 9일 일요일, 웨이신의 수용소 안에 있는 기념 공원에서 축하행사가 열렸다. 이번 행사는 중국, 홍콩, 영국의 육상선수들을 운동으로 한데 모으고, '에릭 리들 기금'이 만들어진 것을 기념하기 위한 것이었다.

 드디어 약 2미터 높이의 기념비가 모습을 드러냈다. 기념비의 앞쪽에는 영어와 중국어로 에릭 리들의 삶에 대한 소개가 새겨져 있었다. 뒤쪽에는 "오직 여호와를 앙망하는 자는 새 힘을 얻으리니 독수리가 날개치며 올라감 같을 것이요 달음박질하여도 곤비하지 아니하겠고 걸어가도 피곤하지 아니하리로다"이사야 40:31라는 말씀이 새겨져 있었다.

****

 이 밖에도 에릭을 기억할 수 있게 하는 것들이 여러 가지 있었다. 1992년에는 에든버러 모닝사이드 지역에 '에릭 리들 센터'가 세워졌다. 이곳은 에릭이 1920년대에 다니던 교회 반대편에 있었다. 센터는 사회적인 목적과 종교적인 목적 2가지를 가지고 있었다. 그래서 이곳은 지금도 아이들 돌보기, 교육 사업, 커피 가게, 회의실 등 많은 일들을 지원하고 있다.

✳✳✳✳

엘섬 학교 또한 그들의 가장 유명한 학생을 잊을 수 없었다. 1996년 6월에 학교 안에 체육관을 짓고 '에릭 리들 체육관'이라는 이름을 붙였다. 체육관의 입구에 서 있는 에릭 동상에는 이렇게 쓰여 있다.

> 에릭 리들, 운동선수이자 선교사

에릭은 그에게 쏟아지는 찬사들에 크게 동요하지 않았을 것이다. 그는 하나님께서 그에게 주신 선물과 능력들을 하나님을 위해 써야 한다는 책임감을 느끼고 있었다. 그리고 성경의 중요한 진리를 깨닫고 있었다. 이는 에릭을 칭찬하는 사람들에게 쓴 그의 답장에 적힌 말씀을 통해 알 수 있다.

> "누가 너를 남달리 구별하였느냐 네게 있는 것 중에 받지 아니한 것이 무엇이냐 네가 받았은즉 어찌하여 받지 아니한 것 같이 자랑하느냐" 고린도전서 4:7.

에릭은 종종 운동선수로서의 성공 비결에 대한 질문을 받았다. 그는 "비밀은 777이에요"라고 대답했다. '777'이란 신약의 7번째 책인 고린도전서의 7번째 장, 7번째 절을 의미했다. 바울이 고린도교회의 사람들에게 보낸 첫 번째 편지인 고린도전서에는 이런 내용이 있다. "나는 모든 사람이 나와 같기를 원하노라 그러나 각각 하나님께 받은 자기의 은사가 있으니 이 사람은 이러하고 저 사람은 저러하니라" 고린도전서 7:7.

이처럼 에릭이 보여 준 하나님을 향한 믿음의 본보기는 이어지는 세대에게 참된 진리를 전하고, 그들도 에릭처럼 하나님을 따르도록 부르고 있다.

나를 존중히 여기는 자를 내가 존중히 여기고

사무엘상 2:30

마지막 간증(저자의 말)

　에릭 리들의 삶은 오랜 시간 동안 많은 사람들에게 큰 영향을 주었다. 그의 삶은 최선을 다해 멋진 삶을 살았던 기독교인의 좋은 예로 남았다. 그는 자신의 능력을 사심 없이 봉사하는 데 사용하고, 항상 하나님을 위해 다른 사람들을 어떻게 도울 수 있을지 생각했던 사람이었다. 달리기, 학업, 복음 전도, 선교, 가정 등 모든 부분에서 그의 최종 목적은 하나님께 영광을 돌리는 것이었다.

　에릭은 D. P. 톰슨이 쓴 소책자를 읽고 하나님을 찾던 저자의 마음도 흔들어 놓았다. 나 또한 제한된 능력을 인정할 수밖에 없는 운동선수였다. 에릭이 주일을 지키고, 명성을 뒤로하고 선교에 자신을 바친 일은 굉장히 인상적이었다. 에릭의 삶을 통해 무엇이 정말 중요하고 영원한 의미가 있는지, 나의 삶을 다시 돌아보게 됐다. 또한 하나님과의 관계와 예수 그리스도가 내 삶에서 무엇을 원하시는지도 생각해 보게 됐다. 성경을 읽고, 말씀을 들으며, 예수님을 구세주로 믿게 됐다. 이처럼 에릭 리들의 삶과 간증은 나에게 큰 영향을 주었다. 그래서 나는 에릭처럼 절대로 주일에 열리는 경기에 참가하지 않고, 온전히 하나님께 내 삶을 드렸다.

주일을 지키는 것에 대한 문제는 오늘날에도 계속되고 있다. 주일은 예배를 드리는 날이다. 주일을 잘 지키는 것은 기독교를 믿는 사람들에게 꼭 필요한 신념이다. 이는 세상 그 무엇보다 하나님을 섬길 것을 세상에 말하고 있다. 어떤 대가를 치르더라도 말이다.

오늘날 운동을 하는 젊은 기독교인들에게 그 대가가 클 것이라는 것은 의심할 여지가 없다. 너무도 많은 경기가 일요일에 치러지기 때문에 이 문제에 부딪히지 않고 경기를 하기는 어렵다. 따라서 기독교인들과 교회들은 일요일이 하나님의 영광이 아닌 우리 자신의 즐거움, 운동, 오락에 사용되는 것을 막아야 한다.

에릭 리들의 이야기는 몇십 년 동안 우리에게 전해지고 있다. 그의 삶은 우리에게 믿음을 갖고 헌신하라는 메시지를 던져 주고 있다. 또한 소망을 갖도록 용기를 북돋워 주기도 한다. 우리에게 주어진 시간이 얼마나 되는지는 중요하지 않다. 중요한 것은 삶을 마치고 하늘의 부르심을 받는 날이다. 진실로 그리스도를 구세주로서 믿는 사람인지 아닌지, 모든 것은 그때 드러날 것이다.

"이러므로 우리에게 구름 같이 둘러싼 허다한 증인들이 있으니 모든 무거운 것과 얽매이기 쉬운 죄를 벗어 버리고 인내로써 우리 앞에 당한 경주를 하며 믿음의 주요 또 온전하게 하시는 이인 예수를 바라보자 그는 그 앞에 있는 기쁨을 위하여 십자가를 참으사 부끄러움을 개의치 아니하시더니 하나님 보좌 우편에 앉으셨느니라"

히브리서 12:1-2.

중국 지역 이름

중국 지역 이름들의 철자는 수년간 다양해졌고 종종 바뀌기도 했다. 아래의 목록은 옛날 지역 이름들의 철자는 첫 번째 열에, 발음은 두 번째 열에, 현대 지도의 표기에 따른 동일 이름은 세 번째 열에 보여 주고 있다.

옛날 지역 이름	발음	현대 동일 이름
Ch'ao Yang	차우 양	차오양
Dairen	다이-렌	다롄
Peiping [Peking]	피-킹	베이징
Pei-tai-ho	베이-두-허	뻬이타이호
Po Hai	뽀 하이	뽀하이
Shanghai	샹-하이	상하이
Shantung	샨-둥	산둥
Siaochang	샤오-청	샤오창
Taku	타-쿠	태고
Tientsin	디-인-신	톈진
Tsinan	지-난	지난
Weihsien	웨이-신	웨이신

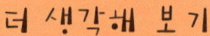

1 **1924년 파리**

에릭은 일요일에 있는 경기에 참가할지 말지에 대해 중요한 결정을 내렸어요. 그가 어떤 결정을 내렸나요? 어떻게 그런 결정을 내리게 됐나요? 다른 사람들에게 일반적이지 않은 결정을 내린다는 것은 어떤 느낌일까요?

2 **어린 시절**

에릭의 부모님과 친구들은 그들을 해치려는 사람들로부터 큰 위험에 처했어요. 요한복음 16:33은 기독교인들이 어떻게 신앙적인 위험을 해결하도록 도와주나요?

3 **에릭의 부모님 이야기**

에릭은 기독교인 가정에서 태어났어요. 이것이 그에게 어떤 영향을 주었나요? 기독교인 가정에서 자란 것이 어떻게 축복일 수 있나요? 에릭의 아버지는 어떻게 선교 일을 하도록 가르쳤나요? 시편 119:105-112을 읽어 보세요.

④ 학창시절

에릭에게는 부모님과 멀리 떨어져서 지낸 학교생활이 쉽지 않았어요. 그가 어려움을 극복할 수 있게 도운 것은 무엇인가요? 가족 구성원이란 얼마나 중요한가요? 하나님께서는 가족을 얼마나 중요하게 생각하시나요? 시편 68:6을 읽어 보세요.

⑤ 학업과 운동

에릭은 처음에는 대학교에서 열정적인 선수가 아니었어요. 그가 어떻게 마음을 바꾸게 되었나요? 운동을 전문적으로 하는 기독교인에게는 어떤 갈등이 있나요?

⑥ 달리기 챔피언 그리고 선교사

에릭은 예수님을 향한 확고한 믿음에 어떤 도전을 받았나요? 그에게 자신의 믿음에 대해 설교하는 것은 쉬운 일이었나요? 로마서 10:9을 읽어 보세요. 여러분은 예수님을 구세주로 믿고, 입으로 고백할 수 있나요?

7 일요일은 주님의 날

에릭이 올림픽대회 100미터 달리기경기 출전을 거절했을 때, 어떤 사람들은 에릭이 조국의 기대를 저버렸다고 비난했어요. 에릭이 일요일에 열린 경기에 참가하지 않았던 이유는 무엇인가요? 사도행전 5:29이 우리가 에릭의 상황을 이해하도록 도와줄 거예요.

8 올림픽대회의 손짓

에릭은 사는 동안 예수님께 영광 돌리는 일에만 관심을 가졌어요. 그가 달리기경기에서 이기게 해 달라고 기도하지 않았던 이유는 무엇인가요? 여러분이 에릭이라면 이기게 해 달라고 기도했을까요? 고린도전서 10:31을 읽고, 운동경기에 참가할 때 어떻게 적용할 수 있을지 생각해 보세요.

9 올림픽 챔피언

에릭이 올림픽대회 400미터 달리기경기에서 이긴 것은 아무도 예상하지 못한 일이었어요. 여러분은 달리기경기 전에 에릭이 받은 쪽지에 적힌 성경 구절이 그를 어떻게 도왔다고 생각하나요? 에릭은 겸손한 사람이었어요. 여러분은 어떤 것에 우승했을 때 겸손한 자세를 보일 수 있나요?

10 찬사 그리고 졸업

에릭은 운동과 학업 모두 훌륭하게 해냈어요. 동시에 2가지를 해내기란 힘든 일이에요. 여러분은 어떻게 우선순위를 세울 건가요? 삶을 바치는 일을 준비하는 것이 운동이나 오락보다 중요한 이유는 무엇인가요?

11 더 위대한 달리기

에릭은 종종 그가 경기를 갖는 곳에서 열리는 집회에서 말씀을 전했어요. 전도서 12:1이 젊은 사람들에게 설교하기 적합한 말씀이었던 이유는 무엇인가요? 우리가 젊을 때에 창조주를 기억해야 하는 이유는 무엇인가요?

12 1년간의 전도활동

에릭은 선교 일을 시작하기 전에 1년 동안 신학교에 다녔어요. 그 해에 가졌던 경험이 그가 봉사할 때에 어떻게 도움이 됐고 얼마나 중요했나요?

13 중국으로 잠시 안녕

에릭은 선교 일을 준비하면서 헌신된 모습을 보여 주었어요. 하나님을 섬기기 위해 여러분은 무엇을 바라고 있나요? 여러분은 삶 속에서 예수님을 위해 얼마큼의 헌신을 보이고 있나요?

14 흥미진진한 여정

중국으로 가는 길에 에릭은 불확실함과 마주했어요. 여러분은 삶 속의 불확실함 때문에 걱정하고 있나요? 여러분은 집이나 학교에서 어려움을 만날 때 어떻게 해결하나요? 문제 해결을 위해 시편 55:22과 빌립보서 4:6-7을 읽어 보세요.

15 새로운 시작

에릭이 중국에서 가르쳤던 학교에서는 기독교인의 헌신을 격려했어요. 에릭은 학생들에게 어떤 헌신의 습관을 격려했나요? 그는 어떻게 좋은 모범을 보여 주었나요? 여러분은 성경을 읽고 기도하고 교회에 나가는 모범을 보이고 있나요?

16 달리는 선교사

에릭은 중국에서도 계속해서 달렸어요. 하지만 그는 올림픽대회에서 다시 달리려고 하지는 않았어요. 그 이유는 무엇인가요? 마태복음 6:20을 읽어 보세요. 이 말씀이 어떻게 우리 삶에 적용되고 있나요?

17 사랑과 결혼

에릭은 1934년에 결혼했어요. 사람들이 결혼해야 하는 이유는 무엇인가요? 이것이 단지 사람의 계획인가요? 성경은 뭐라고 말씀하나요? 창세기 2:24과 마태복음 19:1-10을 읽어 보세요.

18 방향의 변경

에릭의 비밀은 '하나님의 임재 연습'이라고 알려졌어요. 여러분의 삶에서 어떻게 하나님의 임재 연습을 할 수 있나요?

19 샤오창 지방에서의 경험들

에릭이 설교와 교회 일을 하러 지방에 갔을 때, 종종 위험한 상황을 만났어요. 하나님께서 그가 이러한 위험을 만나도록 하신 이유는 무엇인가요? 시편 46편을 읽고 시편을 지은 사람이 어떻게 확신하고 위험들을 마주했는지 살펴보세요.

20 전쟁의 위험

전쟁 동안 에릭과 그의 가족들은 캐나다로 파란만장한 이동을 했어요. 여러분이 무서울 때 할 수 있는 최고의 방법은 무엇인가요? 그것들은 하나님에 대한 믿음을 보여 줄 수 있는 방법인가요?

21 선교의 끝맺음

중국의 상황이 더욱 위험해졌을 때, 가족들과 떨어지는 것은 에릭에게도 힘든 일이었어요. 에릭은 자신에게 허락된 시간을 어떻게 사용했나요? 여러분은 어떻게 다른 사람들을 잘 도울 수 있나요?

22 역류

수용소에는 많은 기독교 선교사들이 있었어요. 그들은 수용소의 질서를 잡는 데 어떤 역할을 했나요? 에릭은 어떻게 다른 사람들이 하나님을 믿도록 격려했나요?

23 후반부(결승선까지 마지막 직선 구간)

에릭은 수용소에서 죽음을 맞이했어요. 전쟁은 모든 사람들에게 고통스러운 일이에요. 하지만 기독교인들은 죽음 이후에 어떤 소망을 가지고 있나요? 마태복음 25:31-46이 우리에게 기독교인과 비기독교인의 죽음에 대해 가르쳐 주는 것은 무엇인가요?

24 달콤한 슬픔

사랑하는 사람이 죽는 것은 슬픈 일이에요. 바울이 데살로니가의 사람들에게 쓴 첫 번째 편지인 데살로니가전서

4:13을 읽어 보세요. 예수님을 믿고 죽은 사람들에 대해 우리가 어떻게 생각하도록 격려하고 있나요?

25 형편없는 결과?

세상에서 신앙적인 일을 할 때 많은 것들이 기독교인들을 좌절하게 해요. 하나님의 일을 하며 어려움에 처할 때, 이사야 55:10-11은 어떻게 기독교인들을 격려하고 있나요?

26 모두에게 기억되는 삶

에릭은 죽은 후에도 굳건한 기독교인으로, 훌륭한 운동선수로 오랜 시간 동안 다양한 방법으로 기억되고 있어요. 여러분은 어떻게 기억되기를 원하나요? 어떻게 해야 죽은 후에도 다른 사람들에게 도전이 되는 헌신적인 기독교인이 될 수 있을까요?

 에릭 리들 연대표

1902	1월 16일, 텐진에서 출생함
1914	제1차 세계대전이 시작됨
1920년대	국제적인 달리기 선수와 럭비선수로 큰 찬사를 받음
1923	4월 6일, 스코틀랜드 아마데일의 작은 마을회관에서 하나님 안에 있는 그의 믿음을 처음으로 설교함
1924	7월 11일, 파리에서 열린 올림픽대회 400미터 달리기경기에서 금메달을 땀
1924	에든버러 대학에서 과학 학사학위로 졸업함
1925	북중국 텐진 앵글로-차이니즈 학교에서 런던선교회와 함께 교육 선교 일을 시작함
1932	스코틀랜드 교회 연합회의 목사로 임명됨
1934	3월 27일, 플로렌스 매켄지와 텐진에서 결혼함
1937	북중국 샤오창 지역의 교회를 근거로 둔 선교지로 이동함
1939	제2차 세계대전이 시작됨

1941	일본군이 중국을 침략하자 안전을 위해 아내 플로렌스와 두 딸을 캐나다로 보냄, 연말에 세 번째 딸이 출생함
1943	웨이신 수용소에 억류됨
1945	2월 21일, 웨이신 수용소에서 뇌종양으로 사망함
1970	스코틀랜드에서 D. P. 톰슨이 쓴 『스코틀랜드의 위대한 달리기 선수』라는 제목의 첫 번째 전기가 출판됨
1981	에릭 리들의 이야기가 『불의 전차』라는 제목의 영화로 제작됨. 1981년 4개 부문에서 오스카상을 수상함
1991	6월 9일, 웨이신 수용소에 에릭 리들 기념비가 세워짐
2002	스코틀랜드 운동선수 명예의 전당에 50인 중 한 명으로 입성함
2008	8월 8일, 『스코틀랜드인』 신문 여론조사에서 '하늘을 나는 스코틀랜드인'으로 영원히 기억될, 스코틀랜드가 낳은 가장 유명한 육상선수로 선발됨

프리셉트 어린이 신앙전기

고아들의 영웅 조지 뮬러

가난하고 외로운 고아들을 돌보는 사역과 영혼을 구원하는 일에 전념했던 조지 뮬러의 삶을 통해, 기도와 섬김의 삶이 얼마나 복되고 귀한 것인지 어린이들에게 가르칠 수 있을 것이다.

■ 아이린 호왓 지음 | 값 8,000원

고통 속에서 희망을 노래하는 코리 텐 붐

나치가 지배하던 세상은 증오심으로 가득했다. 그러나 코리는 말씀을 통해 희망을 노래할 수 있었다. 코리의 일생을 통해, 어린이들에게 희망의 노래를 가르치게 될 것이다.

■ 체스티 호프 바에즈 지음 | 값 7,500원

꿈과 열정의 전도자 빌 브라이트

빌 브라이트는 평생 뜨거운 전도의 열정을 품고 세계를 누비며 일생을 하나님께 바쳤다. 그의 생애를 통해, 어린이들에게 실천하는 참된 신앙인의 모습이 무엇인지 보여 줄 것이다.

■ 킴 트위첼 지음 | 값 8,000원

프리셉트 T.02-588-2218 | www.precept.or.kr

프리셉트 어린이 신앙전기

살아 있는 순교자 **리처드 범브란트**

리처드 범브란트는 감옥에 갇힌 어려운 상황에서도 하나님을 찬양하고 복음을 전했다. 그의 삶을 통해, 어린이들에게 어떤 신앙을 심어 주어야 하는지에 대한 방향성을 제시할 것이다.

■ 캐서린 맥켄지 지음 | 값 8,000원

종교 개혁의 햇불을 든 **마틴 루터**

종교 개혁자 마틴 루터의 전 생애를 다루는 신앙전기다. 두려워하지 않는 마틴 루터의 신앙과 함께 기독교 역사의 중요한 장면을 볼 수 있어 어린이들에게 좋은 선물이 될 것이다.

■ 캐서린 맥켄지 지음 | 값 8,000원

열정의 복음 전도자 **디엘 무디**

성공을 향해 달리던 삶을 내려놓고 하나님의 부르심에 순종했던, 디엘 무디의 신앙전기다. 헌신적인 전도자의 삶을 산 디엘 무디를 통해, 어린이들은 놀라운 일을 행하신 하나님을 만나게 될 것이다.

■ 낸시 드러먼드 지음 | 값 8,000원

프리셉트 T.02-588-2218 | www.precept.or.kr

프리셉트 어린이 신앙전기

버마를 구한 하나님의 사람 **아도니람 저드슨**

최초의 미국인 선교사 아도니람 저드슨의 신앙전기다. 고난과 위험의 땅 버마에서 수많은 희생을 감내하며 복음을 전했던 선교사의 삶을 통해, 어린이들에게 순종하는 신앙을 보여 줄 것이다.

■ 아이린 호왓 지음 | 값 8,000원

어둠을 밝힌 위대한 종교 개혁가 **존 칼빈**

존 칼빈은 오직 예수님만이 빛이심을 깨달은 후, 개혁 신앙을 전파하는 일에 일생을 바쳤다. 어두운 세상에 진리의 빛을 비춘 그의 삶은 어린이들에게 좋은 신앙의 도전이 될 것이다.

■ 캐서린 맥켄지 지음 | 값 8,000원

천로역정을 저술한 믿음의 순례자 **존 번연**

『천로역정』의 저자 존 번연은 내전 속 온갖 박해에도 멈추지 않고 하나님의 말씀을 전하고 기록했던 평신도 순례자였다. 그의 여정을 통해, 어린이들은 믿음으로 사는 삶이 무엇인지 배우게 될 것이다.

■ 브라이언 코즈비 지음 | 값 9,800원

프리셉트 T.02-588-2218 | www.precept.or.kr

프리셉트 어린이 클래식

부활

이 책은 톨스토이의 대표작 중 하나로, '성경대로 사는 삶이 승리하는 삶'이라는 전제에서 출발하고 있다. '나의 작은 행동이 미래의 나와 타인에게 큰 영향을 미칠 수 있다'는 교훈을 줄 것이다.

■ 톨스토이 지음 | 값 10,000원

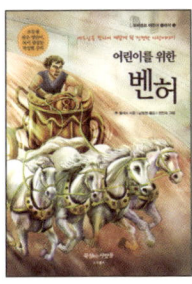

어린이를 위한 벤허

이 책은 친구의 배신으로 복수심에 불타던 벤허가 예수님을 만나면서 진정한 사랑을 깨닫는 이야기다. 벤허의 삶을 따라가다 보면, 어느새 그 속에서 진리 되신 예수님을 발견하게 될 것이다.

■ 루 월리스 지음 | 값 8,000원

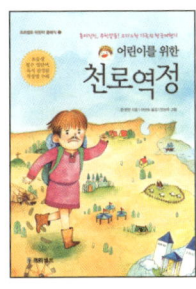

어린이를 위한 천로역정

이 책은 크리스첸과 가족이 천국으로 가는 모험담을 담고 있다. 아직 믿음과 신앙의 삶이 어떤 것인지 잘 알지 못하는 어린이들에게 강한 용사의 삶이 무엇인지 알려 줄 것이다.

■ 존 번연 지음 | 값 7,500원

프리셉트 T. 02-588-2218 | www.precept.or.kr

달리기 챔피언 선교사

에릭 리들

지은이　| 존 케디
옮긴이　| 박상현
그린이　| 박윤숙

초판 1쇄 | 2014년 12월 13일
초판 3쇄 | 2021년 3월 16일

발행인　| 김경섭
국제총무 | 최복순
협동총무 | 김상현
기획국장 | 김현욱
서적부　| 양재성, 신성화
편집부　| 고유영(편집실장), 김지혜, 허윤희, 유권지

발행처　| 묵상하는사람들
등록번호 | 20-333
일부총판 | 생명의말씀사 Tel. (02) 3159-7979 Fax. 080-022-8585

주소　　| 서울시 동작구 사당로2가길 91(사당동) (우) 07028
전화　　| (02) 588-2218　　팩스　| (02) 588-2268
홈페이지 | www.precept.or.kr
국민은행 772-21-0310-382(김경섭)
2014 ⓒ 묵상하는사람들

값 8,000원
ISBN 978-89-8475-644-1 74230
　　　978-89-8475-645-8 74230(세트)

독자 여러분의 의견을 기다립니다.
독자 전화 (02) 588-2218 / pmnqt@hanmail.net